U0361610

文人法学

（增订版）

林来梵 著

清华大学出版社

北京

图书在版编目（CIP）数据

文人法学/林来梵著．—增订本．—北京：清华大学出版社，2017（2024.5 重印）
（水木书香）
ISBN 978-7-302-47704-4

Ⅰ．①文… Ⅱ．①林… Ⅲ．①宪法－文集 Ⅳ．①D911.04-53

中国版本图书馆 CIP 数据核字（2017）第 138802 号

责任编辑：朱玉霞
封面设计：谢元明
责任校对：宋玉莲
责任印制：刘 菲

出版发行：清华大学出版社
　　　　　网　　　址：https://www.tup.com.cn，https://www.wqxuetang.com
　　　　　地　　　址：北京清华大学学研大厦 A 座　　邮　　编：100084
　　　　　社 总 机：010-83470000　　　　　　　邮　　购：010-62786544
　　　　　投稿与读者服务：010-62776969，c-service@tup.tsinghua.edu.cn
　　　　　质量反馈：010-62772015，zhiliang@tup.tsinghua.edu.cn
印 装 者：三河市东方印刷有限公司
经　　销：全国新华书店
开　　本：140mm×210mm　　**印　张**：7.625　　**字　数**：160 千字
版　　次：2013 年 1 月第 1 版　2017 年 7 月第 2 版　**印　次**：2024 年 5 月第 5 次印刷
定　　价：69.00 元

产品编号：068841-02

林来梵

　　法律学者,清华大学法学院教授、博士生导师,兼任中国宪法学研究会副会长等职。曾在国内外出版过多部著作,除本书外,另有一册学术随笔集《剩余的断想》问世。平时以"往返于书斋与学堂,出没于现实与理想"自况,颇有书生情怀。

增订版序

《文人法学》初版以来，承蒙读者垂注，售罄之后又曾加印了一两次。现索性增删了若干篇什，付诸再版，以飨读者。

本书是一本随笔集，也是一本力图跨出法学的畛域，献给所有关心中国法治前途的读者可以轻松地加以阅读的那种读物。关于书名中的"文人法学"，初版代序中已作了专门的交代。诚如有读者所说的那样："文人法学"其实也可以称为"人文法学"。它强调的是以人文的传统、人文的精神以及人文的情怀，去滋润、涵养现代的法律与法学。在我看来，如果缺少了这一点，整个法律系统和法学思想将成为一堆机械刻板的材料，难以真正浸入中国社会；甚至变得苍白无力，没有应有的魂灵。

歌德说："你无法获得不是流自自身心灵的泉水。"对我而言，这些随笔即是这样的甘泉，其之成文所带来的欢愉，远甚于学术论文的写作。从这个意义上说，我应感谢这些文字。然而，"嘤其鸣矣，求其友声"。请允许我对垂注这本小书、甚或与其某些观点共鸣的读者，表示衷心的谢忱！

林来梵

2016 年 11 月于清华园

第一版代序：所谓"文人法学"

　　作为一介法律学人，随着年岁渐长，思虑渐深，这几年越来越深入体悟到：在当今中国，欲推行法治主义，必先有人去践行法治启蒙，否则，法治国家的构想终究会化为泡影。有鉴于此，闲来也写一些轻松的学术随笔，或发表于博客与报章，或暂藏于私人文档，隔了一些年头，便会蓄了一些篇什，可以裒辑成册，斗胆拿来付梓。这册小书就是继《剩余的断想》之后又一本同样类型的覆瓿之作。

　　本书的书名《文人法学》，源于 2007 年笔者在《法学家茶座》第13 辑上发表过的一篇短文的题目。那篇文章开宗明义便指出：环顾当今中国法学界，似乎可以套用《共产党宣言》的首句说：

　　一个幽灵，文人法学的幽灵，在中国徘徊。

　　这不完全是笑谈。笔者较早前就观察到，在当下我国法学界，实际上已经在一定范围内出现了一种可称之为"文人法学"的流风，其代表性的学人，可首推朱苏力、贺卫方、冯象、许章润、舒国滢等数位学者，还有一批年轻的学者或学子追随其后，在"暗夜里穿越"（套用强世功评苏力语），以致聚成了一定的群落，形成了一定的气候，即使还不足以构成一种流派，至少也称得上一种品流了。

说到这"文人法学"，其标志性的倾向，可初步归纳出如下几种特色：

其一，擅长以流丽的语言、猎奇的视角，甚至精妙的隐喻，克服了法学枯燥生硬的本色。比如朱苏力教授，就是写诗出身的，自言"一度想当诗人"，从来文辞优美，音韵丰沛，近年来更干脆挺进"法学与文学"的领域，其总体的研究个性，在此方面颇有典范意义。

其二，虽然没有排斥理性思维，甚至还暗含了"理性的阴谋"，但在一定程度上却能巧妙地诉诸情感的运用，借以催发其文字作品的感染力，与受众（特别是年轻学人或学子）的情感多发性倾向之间，恰好形成了某种密切的共鸣关系。不言而喻，贺卫方教授的魔力，便在部分上得益于此。

其三，偶尔也表现出对法学学科，尤其是对其中的部门法学的某种轻慢的、多少有点"陪你玩玩"的态度，却在一种萧散简远的风格中纵横捭阖，暗含机锋，明显具有超越性或反思性的思维倾向。冯象教授或许可谓此方面的代表。

本来，无论是在方法论方面还是在实践功能方面，法学都拥有许多卓越的优长之处，而历经磨砺的现代法学尤其如此。但无可否认，法学也有刻板、琐细，甚至为当代日本比较法学家大木雅夫先生所指出的那种狭隘的特征，正因如此，法学本身也就成为一门容易逼使内部一些学人走向叛逆的学问。而在法学的叛逆者之中，历史上也不乏有人在其他领域里取得了震烁古今的成就，马克思、歌德、卡夫卡均是这样的人物。所不同的是，他们叛逆的程度和类型也有所不同，其中既有马克思、歌德那样的全面反叛，也有卡夫卡式的叛逆，即虽为稻粱谋而继续留在法学阵营之内，但却热衷于其他的志业。

从宽泛的意义上说，"文人法学"也是对正统法学的一种叛逆，只不过仅属于一种接近于卡夫卡式的叛逆，而且情节更加轻微。它在一定程度上乃生发于当代中国部分法律学人对本国传统人文学问的那种挥之不去的"乡愁"，为此在一定范围内也可能是属于我国法治尚未成熟时期传统的"人文"与纯正的"法学"之间的一种中间过渡形态，但无论如何，它也恰好应合了前述的法治启蒙主义这一时代课题。

其实，即使从西方的知识谱系上来看，法学与人文学科本来也就具有一种无法割裂的血脉关系。君不见，在中世纪的罗马，早期的法（律）学即曾被作为修辞学的一种类别，后来注释学派转而借鉴了同时代经院神学的各种《圣经》解释的技法，用以解释《罗马法大全》，由此形成了作为传统法学的主要方法——法解释学的雏形，并随着近世纪初期之后，罗马法在欧陆的广泛继受，而为西方近代法学所承袭与发展，乃至在德国流的法学传统中，法学还被称为"法教义学"（Rechtsdogmatik）。但说到底，现代人们已经承认，这种法学其实与其他人文学科一样，还是属于一种"理解的学问"。无怪乎德国现代法学家 Hallerbach 曾凯切地指出：法学本来就是"人文科学的学问，因为它面对的对象正是人类及某种人类精神的具象化，即以'语言创作'的形式表达出来的'人之作品'。"如此说来，如何发掘与提炼法律之中的人文精神，或以人文精神去反哺、滋养甚或反思法律本身，也是现代法学应予高度关注的主题。从这一点而言，"文人法学"也具有合法生存的价值。

当然，在部分人看来，"文人"一词或许也有一些负面的色彩，记得钱钟书先生就曾经在不无解嘲的意味上引用过"一为文人，便无足观"之类的旧说。另外也应该看到"文人法学"本身所可能带有的局限，它毕竟不是纯然意义上的正统法学，如果不去有效地控制个体化的激情，处理好规范之中的价值问题，而将其演绎到极致，也可能成为法学的异端。

然而，我们之所以还要将上述那种法学流风称为"文人法学"，则是因为，作为当代中国法学的一种品流，它颇似中国古代的"文人画"一样，其作品的内容、样式或风格之中，往往也寄托了"志于道"而"游于艺"的志趣，寄托了传统文人的那种"为天地立心，为生民立命，为往圣继绝学，为万世开太平"的情怀。为此也可谓是最具有中国本色的一种法学，甚至也有可能为当今正面临着种种困境的中国法学，提供一处"诗意地栖居"的佳境。

笔者虽不敢妄称自己是"文人法学"的典型代表，但作为当今中国的一介法律学人，一向也难以拂拭中国传统文人的某种情怀。而衷辑在此的篇什，尽管只是一些浅易的小文，卑之无甚高论，但多少也颇具"文人法学"的风味。为此，谨将这册小书冠名为《文人法学》，并将旧作《文人法学》一文纳入此篇加以修订，以为序。

目 录

第三辑　熬了规范主义的药言

第四辑　特别的思忆

第五辑　杂言补拾

第一辑

环宪法学的随想

宪法学是椭圆形的 *

非常高兴，我终于有发言机会了。其实我也已经有点饿了，但还是想说几句，因为听了大家这一天半的发言，觉得非常精彩，几乎都忍不住想要提前发言，现在总算可以趁这个机会说几句了。

首先我承认，我们非常荣幸有机会承办这个会议，收获也很大。我听了这个会议上的发言后，发现内容非常丰富，使我受益良多。我相信我们的同学，还有我们的老师也是一样的。我们做了全面的会议录音，如果可以，这些录音将来还会整理成资料，供我们更多的老师和学生参考学习。

第二点我要说，通过这次会议，我进一步发现，这个会议的举办是非常有必要的。因为今年，2013 年，对于我们在座的所有人来说，都是一个特殊的年份。就在这一年，美国发生了斯诺登案件，这使我们感到很震惊：美国这样一个成熟的宪政国家，它的政府居然在大规模地侵犯公民的隐私权。除此之外，埃及还发生了政治动荡，这个动荡使我们深刻感到，一个威权国家向民主国家的转型有多么的困

---

* 本文的初稿源自于 2013 年年底作者在清华大学法学院公法研究中心举办的"亚洲宪法学研讨会"上的总结发言。

难。再反观中国，情况也复杂。从今年3月开始，中国发生了一场有关中国要不要宪政这一问题的争议，这场争议已经持续了8个月，它回到宪法学最最基本的一个出发点，即"我们究竟还要不要宪政这个概念。"上述所有这些事件其实都是对于我们的职业——宪法学这个专业提出了严峻的问题。这些问题并不是只有我们中国学者接收到了，我相信世界各国的学者，包括在座的各位学者都应该感觉到。我们这次的研讨会恰好就是在这种背景下召开的，这就凸显出举办这次研讨会的必要性，凸显出这次研讨会的重要意义。这是我讲的第二点。

第三点，通过这个会议，我个人进一步感觉到亚洲立宪主义所面临的课题是非常复杂的。这一点过去很多人也许都说过，亚洲跟欧洲不同，欧洲的国家具有高度的同质性，国家与国家之间虽然有差别，但政治上的制度和文化则比较相似。而亚洲各国各地区就不同了，它的情况非常复杂，而且各国和各地区之间差别也非常大。对此，我们可以举出三种情形来加以说明。

亚洲立宪：多样性的三种情形

第一种情形：亚洲有些国家和地区已经实现了宪法政治，比如说日本、印度、韩国，但是也有一些国家和地区还没有实现宪法政治，或曰没有完全实行宪法政治。在没有实现宪法政治的国家和地区中，有些正走在宪法政治路上，有些可能还遥遥无期，有些甚至连什么是宪政、要不要宪政这样的问题，还可能存在一些争论。

第二种情形：我们可以发现，在亚洲，有些国家和地区是通过民主化之后实现宪法政治的,比如说韩国等都是如此。但是有些国家和地区,则基本上已经实现了宪法政治,只是在民主化程度上还存在进一步发展的诉求与趋势,比如中国香港特区就是如此。

第三种情形:亚洲复杂性还在于,有些国家的宪法政治是被外国强制性导入的,比如说日本,大家都知道它是在"二战"之后由美国将宪政强行地引入的,可是这一做法成功了,本国人民接受了宪法政治,整个国家成为一个被广为认可的宪政国家。但是,我们也要看到,当西方的这种宪政被导入亚洲其他国家的时候,却未必成功,比如说柬埔寨,它就没有成功,相反,却在很大程度上陷入了政治动荡。我相信,亚洲的其他国家,如果现在强行引入西方宪政,也还可能出现类似的这种情况。放眼当今世界上其他国家,如伊拉克、埃及等,情况就是如此。

以上种种事实说明了一点:立宪主义在亚洲所面临的问题是非常复杂的,几乎不可同日而语。从这个意义上而言,亚洲各国各地区的宪法问题,或者说在亚洲做宪法学研究,其难度不亚于欧美国家的宪法学。

在亚洲:宪法学的四个课题

但是我还是要说第四点:尽管亚洲国家这么复杂,有这样那样的差异,可是我们亚洲不同的国家和地区之间,在宪法学上,至少应有四个共同课题。请注意,我说的是"共同课题",而不是共同的"亚洲价值"。"亚洲价值"说起来已经非常敏感了,但是我们可以说,亚洲的国家和地区在宪政道路上拥有四个"共同课题"。

第一个课题：关于学习西方宪政的课题。这具体包括：亚洲国家和地区是否有必要向西方成熟的宪政国家学习；如果有必要，则我们又会遇到这样的问题，即西方许多成熟宪政国家之间的做法又不太一样——比如说违宪审查制度，它就有美、德、法三种模式——那么到底我们要向哪一种模式学习？这就成为我们必须研究的一个具体问题。

第二个课题：如果我们确定亚洲国家和地区有必要全面，或者在一定程度上学习和吸取西方国家的宪政原理和制度，那么还存在这样一个问题，即如何走向西方式的宪政？在这一个问题上，西方成熟的宪政国家未必都能附带地给出路线图，这些成熟的宪政国家的宪法学一般只会将本国现在通行的宪政原理告诉你，而忽略了它们之所以有效的条件，甚至忽视了到达这个宪政时刻的历史过程以及具体路径，即使它们能告诉人们，所给出的路线图也只是基于它们自己的历史经验，而未必适合于亚洲。

第三个课题：亚洲国家和地区在宪法学上是否有自己独特的一些课题。中国就存在着这样的情形，其中包括亚洲有没有不同于西方宪政理念、但又可以跟西方宪政理念相调和的，或者可以补充强化西方宪政主义的一些思想文化资源。比如说这两天我们许多学者提到的儒家思想，它究竟与西方立宪主义有什么样的关系，就值得思考。当今中国大陆也出现了一些所谓的儒家宪政主义的学者，其中就有人主张从中国传统的儒家学说当中，吸收一些与西方的宪政理念相一致的，或者说可以调和的一些价值观来发展西方的宪政主义思想。这究竟是否可能，就值得我们去研究。而且如何对待这样的思想资源,比如如何对待儒家的一些思想,争议非常大,确实值得研究。这是第三个课题。

第四个课题,可能是我们还要共同面临的一个课题,即我们亚洲国家和地区,在走向宪政的道路上,或者在实现宪政的道路上,是否彼此之间也可以互相学习,互相借鉴。这几年包括我在内,有几位中国宪法学学者跟日本还有韩国的一些学者,每年度都举办了一个会议,我们研究的主要课题之一,就是在向西方国家学习的过程当中,是否应该互相借鉴不同的亚洲国家的经验。我们发现这样的一个借鉴其实已经发生了,而且在一百年之前,也就是当西方的宪政主义思想刚刚传播到亚洲的时候,其实我们就开始这样做了,比如说当时中日之间,还有日韩之间,就存在这样的借鉴。

宪法学为什么是椭圆的?

第五点,我还是要指出,如果我们进一步具体化到中国,那么要研究的问题可能就更加复杂了。今天大家讨论就涉及这一点。比如说我们中国,是否可以实现在中国共产党领导下的社会主义宪政。这就是中国所面临的非常特殊的一个课题,需要我们宪法学深入思考,而非基于一种特定的价值观,贸然作出判断。今年中国意识形态领域所发生的宪政争议就跟这个问题有很大的关系。

从学术的角度,我是相信宪政主义在人类历史当中是存在一些基本共识的。西方也好,东方也好,至少应该存在一种最低限度的价值共识,包括宪政是什么,同样也应该有最起码的一些价值共识。在这一意义上,我是一个规范主义者,当然也正因为这样在学术上受过批评。但是我并非无视现实的课题，我也清醒地认识到，确实中国有自己独特的特点。简单说，中国是一个非常复杂的国家。

可是在学术上我们讨论这样的课题非常困难，特别是在今天这样的研讨会上。而且这个问题讨论起来非常复杂。一旦在中国的政治语境中讨论，马上就可能成为意识形态的争论。但这里可能存在一个误区，就是主张宪政和反对宪政的人们都把宪政的概念内涵加以无限地具体化，具体化到能够让人直接联想到西方某一个特定国家——主要是美国的做法。其实这样做本身就是不对的，而且在中国也很容易受到排斥。我们必须注意到这一点。当我们在谈论中国宪政的时候，我们不必把宪政的概念界定得过度详细。我们只要一个最低的、必要限度的价值共识就行了。就此，我个人认为，什么叫宪政，简单说，宪政其实就是要通过适当地限制公共权力，来保障人民最基本的尊严、最基本的权利的政治体制。这也是中国在清末引进宪政这一概念时它所具有的原意。关于这一点，其实西方的宪政主义和东方的传统，包括我们儒家所讲的"道统"是可能存在一定意义上的一致性的。质言之，这样一种精神在儒家传统中已经存在，特别儒家几千年的"道统"就有这样一种精神，即将政治权力纳入一种道德规范当中去约束它，以便更好地保护人民。

总之，作为亚洲的宪法学者，我们应该从这样一种东西方共通的立场和视角，去把握宪法政治的内涵，互相学习，互相借鉴。从这一意义上而言，亚洲各国的宪法学应该是椭圆形的，也就是说它并非只有一个圆心（否则就可能走向西方中心主义），而是拥有两个互相牵制而又互相平衡的圆心，其中一个是各国共通的、最低限度的价值共识,另一个则是本国或本地区的自身的、特殊的宪法课题。

以上就是我有关学术方面的浅见,说出来给大家参考。最后请允许我代表会议主办单位——清华大学法学院公法研究中心,向所有来自各国各地区参加这个会议的朋友表示衷心的感谢！也非常感谢这次会议当中大家精彩的发言和热烈的讨论,为我们留下了非常深刻、美好的印象！最后我们也感谢参与这次会议承办、会务工作的老师和同学！谢谢你们！辛苦了！

（原稿由清华大学法学院王鑫同学根据录音整理而成）

"身体宪法学"入门随谭[*]

> 从突尼克的群裸写真中,吾人会看到
> 现代宪法的隐形框架;而在反思中国古代
> 的凌迟作为一种"破毁身体的工艺"时,吾
> 人照样会体认到宪法在人类文明史上的
> 重大意义。然而,宪法在人类身体上的效
> 力范围,则不止于此。一门名曰"身体宪
> 法学"的学问,或许也应可成立吧。
>
> ——题记

一、突尼克群裸写真的隐形框架

当代美国摄影师突尼克(Spencer Tunick),以拍摄大规模男女群
裸的写真照片闻名于世,以致混成了"另类"的摄影大师,"另类"到连
美国一些州的警察都逮过他。你还别说,在他的作品中,那些如同波
浪般起伏跌宕的肉色,蓦地绵延开去,在光线的作用下产生出一种无

　＊　本文原载《浙江社会学刊》2009 年第 1 期。

比强烈的视觉冲击效果,在人心灵的磐石上震荡出幽深的回响。

看到这样的作品,我总想了很多,其中还想到了我念兹在兹的宪法——

这正是一片宪法所保护着的身体啊!

那一不留神居然就发源在"西方"的宪法,说透了,其实质也就是一种被实定化了的自由主义,所以它的主旨也就在于保护人的自由,即现在被各国人民、法学家、活动家和政府泛称得有点滥了的"人权"。而最初获得保护的主要类型,无非就是"三大自由"——人身自由、精神自由、经济自由。

关于这三大自由之间的关系,套用咱们中国惯用的政治话语来说,其中,人身自由是起点,精神自由是要点,而经济自由嘛,那——就是、就是……重点了。是啊,现代日本著名宪法学家小林直树先生曾指出,人身自由应与精神自由一道,并列为人类生活的"第一次元的要求",但我们大家更为熟悉的逻辑是由卡尔·马克思给定的,他早就透过眼前的重重迷雾看出了其中的要害——保护自由?那不就是要保障"你们资本主义"的生产秩序嘛。这样一说,经济自由当然就可以被视为"重点"了。有关这一点,西方学说也是承认的。而道理说到这里,也就通透了。法国小说家法郎士就说得绝:"自由对于穷人而言,不过是在塞纳河的桥下露天过夜的自由。"

那塞纳河,根本就没有流过我们中国,不可能在我们小时候生活过的村庄里落下它的桥墩,但我们统统都理解面包的含义。我也一度囫囵吞枣地接受过上述的那类分析,反正肚子空着的时候,人类是最具有批判性的。现在嘛,偶尔有了咖啡喝之后,特别是有了宪法学的"法眼"之后，呵呵，就慢慢琢磨着那三大自由体系内部的逻辑秩序了，觉得里面还是挺自洽的。德国的拉德布鲁赫曾断言，西方近代法律中的"人"，乃是模仿"极为利己、狡猾至致的"商人的形象而设想出来的概念，一句话就道出了如今法经济学的两大理论假设，即理性人和经济人。近代宪法上的人，即自由的享有主体，何尝不是这样呢？而能全面享有这三大自由的人，简单地素描起来，无非就是身心活络、可以干活的那种人。于是，身心活络，便分别升华为规范意义上的人身自由和精神自由；而经济自由，不就是干活的自由吗？但说到底，人要干活，首先就得身心活络，然而正像阿奎那早就说过的那样，人的精神是囚禁在自己身体之中的，于是乖乖，归根结底，宪法就得首先保护人的身体。

突尼克写真中的身体，就是这样的一大片被宪法所保护了的身体，一大片赤裸裸的而被宪法所保护的人的身体。这又使人联想起日本的樋口阳一先生说的"赤裸裸面对国家"的那种近代人的形象。可想而知，宪法不仅保护突尼克所拍摄的那一大片身体，而且还保护他以及他所拍摄的所有身体之主人的表达方式、表达内容——只要每一个身体裸露"得体"，他也得拍得"得体"。据说，这老兄自1994年起就开始实施"裸体漂流摄影"计划，奔走于多个国家之间，组织了大约50组展出，有时竟有上千名的男男女女，志愿为他的创作裸露自己的身体，而每一个身体的主人，估计都是吃饱了的，不必再饿着肚子躺在某个"桥下露天过夜"的那种现代人。

于是，当我看了突尼克拍摄的群裸之后，就莫名地感动起来，就想起了宪法。是啊，突尼克的作品应该有一种隐形的框架，像画框那样,那就是宪法。

二、破毁身体的工艺

与突尼克的人体摄影艺术不同,另一种有关人体的"艺术"则是一种行动,但又不是现代一般意义上的"行为艺术",而是特指古代中国对人的身体实行极端破毁的一种作业——凌迟。

被凌迟的身体,是没有得到宪法保护的身体。

我看过一幅被凌迟的纪实照片。身体的主人,据说是晚清的一位妓女,照片上自然没有记载其罪,实际上也难以复考,据说是杀害了官员吧。那照片也是当时在场的一位外国人给拍下的,成为今日吾侪研究中国酷刑的重要历史资料。

其实,在西方的历史上,也有惨绝人寰的酷刑种类。尤其是在中世纪,由于罗马法的复兴和天主教宗教法庭的先例等因素的影响,欧洲许多国家普遍存在各种野蛮的酷刑,它们通过破毁囚徒的肉身,尽量使之痛苦最大化,其目的在于恢复完整的社会秩序,同时也便于罪犯的灵魂得到救赎,为此刑罚本身就成为一种公开展示的、血淋淋的献祭仪式。福柯的《规训与惩罚》一书的开篇,便用数页的篇幅,转引了1753年《阿姆斯特丹报》的报道,具体描述了同年法国人达米安(Damiens)因谋刺国王路易十五而被判处极刑的行刑情景,读起来就足以令人毛骨悚然,其残酷的程度似乎并不亚于中国古代的凌迟。为此当代日本学者富谷至先生,就曾经在其《中国古代的刑罚》一书中提出这样一种观点:较之于古代西方,古代中国的刑罚在哲学伦理观念上是秩序化的,而且不见得那么残忍,这反而导致没有自我突破性的反思,为此没有顺利走上现代法治的道路。

但不管如何,在上面所说的那个可怜的晚清妓女被施以凌迟之际,彼时西方的许多国家,都早已经过了启蒙时代,都诞生了宪法——我说的当然都是实质意义上的宪法,而不是光"写在羊皮纸上"的那种文本——所以,类似的酷刑也就为宪法所禁止了的。这自然是人类文明进化的一种成就,无怪乎鸦片战争之后,英国人一开始接手统治香港,在法制上首先的一个举措,就是废除了当时中国的酷刑,包括合法化的刑讯逼供。而晚清中国,则是在"仿行立宪"期间的1905(光绪三十一年),才由时任修律大臣的沈家本提出奏请,得以将凌迟、枭首、戮尸等法"永远删除,具改斩决"的。然而,上文所说的那可怜的妓女的身体,一副曾经很好看、很性感的身体,一副曾经被践踏、被蹂躏的身体,根本来不及赶上这个时节,更来不及得到宪法的保护,就在众目睽睽的围观之下,被交给一伙拿着铁钩利刃的男人,给凌迟了。

凌迟,据考本应写为"陵迟",原意为"丘陵之山势渐缓",后移用于说明刑罚古制,乃指"杀人者欲其死之徐而不速也"。而为了达到使受刑人"死之徐而不速"的效果,就得一刀一刀地割其身上的肉,直到差不多把身上的肉全部割完为止,才剖腹、断首,使之毙命,所以也叫剐、寸磔、脔剖等,俗称"千刀万剐",坊间悍妇骂人时所说"挨千刀的",更是一种直白的表述。其实,据说明代之前,凌迟一般只剐120刀,但明代开国皇帝老儿毕竟出身于最底层的穷人,难免有一股偏激的狠劲,乃偏向于峻刑重诛,凌迟的刀数也陡然大增,多者竟可达至数千。考诸史籍,这个朝代至少有两个著名的凌迟案件,其执行过程均得到了比较完整的记录,一为正德五年(1510年)的宦官刘瑾,另一则为崇祯年间的进士郑鄤,前者受剐3357刀,后者更残一些,竟达3600刀。

至于凌迟的刀法,虽有日本的富谷至先生的上述观点,但窥其细部,还是极为残虐的。本来,古中东的波斯帝国,据说对于反叛者也适用过类似凌迟的酷刑,但其刀法简单,只是像切西瓜似的四等份、四等份地大切,而我们古代的中国人就精细得多了,竟然将凌迟发展成为一种"绝活",一种"工艺"——据说,行刑时,刽子手每刀割下的肉,要求控制在很小的程度,直至如指甲般大小,而如果犯人在所定刀数完成之前预先毙命,刽子手往往会被围观民众嗤笑,甚至还有丢掉饭碗的可能。最为恐怖的是,刽子手每割一刀,受刑人就会号叫一声,而刽子手也会跟着号叫一声,现场一片惊悚。刽子手还会把割下的肉片,用大白瓷盘贴在上面,供围观人鉴赏,事后也可以把肉片一块块地出售,因为民间传说人肉可作为配制疮疖药的原料。富谷至先生在替咱们中国古代刑罚申辩的时候,曾指出这种凌迟乃发源于契丹民族辽(916—1125)的一种制度,但应该说,中国古代凌迟在行刑时则意外地贯彻了一种"工具理性",为此说也是破毁身体的工艺。

且看那被告发谋反的大太监刘瑾伏诛,据当时参与监刑的官员张文麟记载,"先十刀一歇一喝。头一日该剐三百五十七刀,如大指片,在胸膛左右起初开刀……"整个行刑过程竟历时三天才告完毕,其间的第一天晚上暂停时,"押瑾顺天府宛平县寄监,释缚,瑾尚食粥两碗",到第三天才断其喉,尽其肉,乃去也。连对刘瑾恨之入骨的张大人在记录完了之后,都不禁叹曰:"逆贼之报亦惨矣!"

刘瑾在历史上曾作恶多端，其悲惨结局似可符合了当时人们的报应观。但文人郑鄤被凌迟处死，则可谓悲惨的冤案。此人江苏常州人，本是天启年间进士，为当时江南名士之一，颇有"文章气节"。崇祯初年，据说他受邀赶入京城，原以为可入阁为官，但生性耿直，缺少心计，卷入了党争，受到"平庸首辅"温体仁等人的毁谤，告发他有"杖母""蒸妻"和"奸妹"三大罪状，为此被崇祯亲自批示处以凌迟，于公元 1639 年 8 月 26 日执行。这一年，刚好是北美殖民地在制定自己根本法方面迈出了第一步，人类历史上一份成文的现代宪法性文件《康涅狄格根本法》诞生了，但这边厢的天朝上国，则即将陷入亡国的血腥之乱。古贤说诛杀英才，于国"不祥"，这可能是为了阻赫帝王滥杀文人的，但崇祯帝居然听信谗言杀了郑鄤，不久后果亡国。

明代的《瑞严公年谱》，记下了当时郑鄤受刑的场面。兹抄录之：

> 黎明脔割之旨乃下。行刑之役具提一筐，筐内均藏铁钩利刃，时出刃钩颖以沙石磨利之。埊（di 音第，同地）阳（即郑鄤）坐于南牌楼下，科头跣足，对一童子嘱咐家事絮絮不已。鼎沸之中忽闻宣读圣旨应剐三千六百刀，刽子手百人群而和之如雷震然，人皆股栗。炮声响后，人拥挤至极，原无所见，下刀之始不知若何。但见有丫之木指大绳勒其中，一人高距其后伸手取肝肺两事置之丫颠。忽又将绳引下，聚而割之如娟。须臾小红旗向东驰报，风云电走，云以刀数据报大内。

最近笔者刚好翻读到李阳泉先生所写的《中国文明的秘密档案》，发现其中也描述了这次行刑的整个过程，似乎基本上是根据上述《瑞严公年谱》的记述写的，只是好像搞错了刀数（共计少了243刀），但读来通俗易懂，也更是令人毛骨悚然。现一并抄录于此，聊备一考。

　　黎明，圣旨下达让当日执行，有司官员立即下令传齐有关人役押解犯人前往西市（后称西四牌楼，即今北京西四）。那天早晨就有一伙人役在牌楼旁边搭起一座棚子，里面供监斩官等人在此就坐，棚子前面竖起一根上边有分叉的粗木杆。不一会儿，行刑的刽子手们也提前来到，他们每人带一口小筐，筐里放着铁钩和利刃。刽子手们取出铁钩利刃等，放在砂石上磨得非常锋利。辰、巳时分，监斩官带校尉、人役等押着郑鄤来到刑场。郑鄤被暂时停放在南牌楼下，他坐在一只大箩筐里，没有戴头巾也没有穿鞋袜，正在向一名书童喋喋不休地嘱咐家中后事。这时，围观的群众人山人海，把周围的道路、空场堵得水泄不通，附近的房顶上都爬满了人。西城察院的官长就位之后，高声宣读圣旨，由于周围人声嘈杂，他都念些什么，人们谁也听不清楚，只听他最后的一句是："照律应剐三千三百五十七刀。"刽子手齐声附和，声如雷震，围观的群众莫不心惊胆颤，两腿发抖。只听得三声炮响，之后开始行刑。

　　人群更加骚动起来，爬在房上的人有的站起身，伸长脖子，想看看刽子手怎样剐人。但由于近处的人围得密不透风，稍远一些就看不见行刑的场面。过了好大一会儿，只见那有分叉的粗木杆上垂了一条绳子，有人在木杆后面拉动绳子，绳子的另一端便吊起一件东西,鲜血淋漓,原来是人的肺和肝,一直吊到木杆最高处。这说明犯人的肉已被割尽,开始剖腹取五脏了。又过了一会儿,木杆上的绳子放下来,卸下肝肺,吊起一颗人头,这说明郑鄤已被砍了脑袋,悬挂示众。接着又把郑鄤的躯体也挂了起来,使他的胸贴着木杆,背朝着众人,大家看见他背上的肌肉被割成一条一缕的,却没有割掉,千百条密麻丛集,就像刺猬似的。这时,凌迟之刑宣告结束,有两名校尉手舞红旗,骑着快马向东飞驰,他们是去宫中把剐的刀数向皇帝报告。后来,有刽子手把郑鄤的尸体取下,把他身上的肉一条条地出售。据说人们买这人肉是作为配制疮疖药的原料。

李阳泉先生最后所述的有关郑鄤之肉被卖给坊间愚民做药材一事,笔者还查到一个资料:时人计六奇在《明季北略》中也记述道:"归途所见,买生肉以为痔疮药料者,遍长安市。"乖乖!一个正直的文人,被凌迟处死,死后的肉片,还被卖去给一大批冷血的愚民做屁股后面使用的"痔疮药料",这就是咱们中国古代社会曾经存在过的一种不可不谓"独特"的文化现象。对此,《明季北略》最后叹曰:"二十年前文章气节,功名显赫,竟与参术甘皮同奏朕功!"

写到这里,不得不由人想起鲁迅借《狂人日记》,直骂我们中国的历史写满了"吃人"二字。他还曾在《南腔北调集·偶成》里指出:"了不起的残忍智慧酷刑的方法,却绝不是突然就会发明,一定都有它的师承或祖传,……'酷刑'的发明和改良者,倒是虎吏和暴君,这是他们惟一的事业,而且也有工夫来考究。"但从中国古代的这凌迟酷刑,从凌迟所得的肉片能在民众之间作为"痔疮药料"自由流转的现象,联想到他老人家写到的前近代性的"人血馒头",的确就使人不得不进一步联想到咱们中国的传统文化了。就此而言,李阳泉先生虽然不小心搞错了郑鄤受剐的具体刀数,但他所写的那本《中国文明的秘密档案》的副标题却是相当到位的——那就是《我们历史的另一张面孔》。

诸君不要搞错,我们中国传统文化,当然也有它的"正面",而西方文明自然也有它的负面,即所谓的"另一张面孔"。有关这一点,前述的日本学者富谷至先生说得还是够我们中国人中听的。但问题的关键可能在于,西方文明毕竟比我们早产生了现代法治文明,早产生了"人的尊严"这样的观念,早产生了宪法这么一种利器。而如果我们现代的中国读书人,还不愿意去审视自己民族文化中的这"另一张面孔",审视自己民族文化的"屁股"后面曾经使用过的人肉"痔疮药料",那就只能想象一下了——假如你就是郑鄤,或者就是那位被绑在架子上号叫的女人……

乖乖!无论你多么慢条斯理,无论你多么吐纳风雅,也无论你多么仪观伟然,你的身体准会敏感地渴求宪法的抚慰。

三、身体上的社会性建制

以上讲的,都涉及宪法在人的身体上的效力范围。但这样的议题,实在多样。比如身体的裸露范围,同样就跟宪法的效力范围有关。比如裸露自己的身体去抗议政府,或去抗议公共政策的形成者、影响者等,这在一些成熟的宪政国家,在一定条件下也是受宪法保护的范围。保护的机制和技术稍微复杂了一些，简单地说可以这样描述：普通法律可能对这种行为实施的时间、地点、方式，进行一些声称是必要的规制，但被规制的当事者如果不满这类规制，就可以通过违宪审查这一制度装置，要求对这些规制的法律进行审查，看它是否超出了宪法上有关言论自由的保护规范所保护的范围。

但是现代"身体社会学"告诉我们说，那些活生生的裸体，其实也经过了一系列社会性的建构。据传，当年辛亥革命的北伐军打到武汉时，在这个"九省通衢"大城市的街头上也曾出现了一批裸体游行、欢迎革命军的妇女队伍，比池莉小说中的姐妹们还不知要"辣"多少倍呢。但在中国，这注定只是一纵即逝的现象，而且在当时，就难免被民初的晚清遗老们骂成是"离经叛道"的，原因也是因为身子虽然裸了，但却没有形成一种强韧的社会性建制。即使是前几年，也听说在杭州有一位女生，居然绕着西子湖畔裸奔了起来，但马上就被一群闻讯赶来的警察包围，并加阻止，可是把那女孩拿来一问，才知道她只是一位精神有些失常的在杭高校女博士生，因为课程压力才导致如此，云云。

你不反对甚至渴望我们的社会出现这样一种景象吗？——比如，不是一个可怜的精神失常的女生，而是一批意志健全的、有法律行为能力的女生，可以组织起来，绕着我们西子湖畔集体裸奔，以抗议大学给博士生规定了太过严苛的毕业条件，以致大家都难以承受，以至于都有女生疯了来裸奔过呢，所以她们这下也来裸奔抗议。乖乖！这一旦实行起来，在一些人看来，还真会平添了一番"风月无边"的况味，应和了乾隆帝当年在西湖边所留下的"虫二"这两字御笔的雅意。

但是且慢！你别有这样的奢望了。即使我们的女生有这样的勇气，也有这样的想象力，我们目前的宪法也是不可能给予有效保护的——虽然我们宪法中也有保护言论自由的条款，而且这个条款也被宪法专家们解释为已经包含着"象征性表达自由"之内涵的程度了，但不得不说，支撑这一内涵的那种社会性建制——呵呵，那还尚未完成。我们已经完成了的建构，主要还是宪法文本本身。

总之，身体与宪法的关系可大了。宪法上的人（人格），以及人的各种基本权利，其实都是以"身体"为载体，并借助这个"平台"展开的，乃至形成了一整套体系。反之，宪法对身体的态度，也可以作为我们认识宪法，乃至进而认识宪法所立足的社会性建制的一个活生生的指标。

这一点，是可从种种的角度加以思考的。前面我们从凌迟扯到宪法，就属于这种探索，只不过它是反映了我们在课堂里曾经说过的那种 negative approach（反向思考）的方式而已。这一反向思考的结论，从我们宪法学视角正向视之，也是可以成立的，因为作为法治文明的结晶，宪法毕竟是禁止酷刑的。现在有些国家的宪法，就直接写上了这样的规定，如美国《宪法》第 8 修正案中就明确规定"不得施加残酷和不寻常的惩罚"，日本现行《宪法》第 36 条也规定"绝对禁止公务员施行刑讯及酷刑"。当代西方的"身体社会学"（the sociology of the body）还有一个号称"奠基性"的理论，说来非常简单，但却相当重大，那就是从身体中确认了人的本体性脆弱（ontological frailty）。我想,这一点宪法也是看到了的。

透过身体去看宪法,多少有点想吊人胃口之嫌,但这绝不是一种无聊的随谈。我们甚至可以想到,不仅人的身体裸露范围与方式,而且人的身体之所在本身,也与特定宪法的效力范围有着密切关系。人的身体的处所,就是选择宪法制度的事实依据。比如当那种叫作"飞机"的东东,将你的身体从北京运载到了美国,可以看到哈佛大学校园里期末考试之前学生用裸奔的方式去缓解压力的情景时,那你就肯定是受到美国宪法的保护了。也就是说,你甚至可以跟人家一起裸奔呢。但如果你的身体,是诞生在中国的,那一般的情形是,你或许一辈子都得接受中国宪法给你所设定的制度,即使出了国,在美国混到了绿卡,你本身的精神意识也已经或多或少地受到了中国宪法制度的影响了,甚至你的身体本身,按照人家"身体社会学"的传统观点来看,也会体现了中国式的"社会性建构"。质言之,你是无论如何也无法彻底"裸奔"出这种中国式制度建构的。

但裸奔看似只是采用了裸着身子去跑一跑的简明形态,实际上也是对规训秩序的一种权且突围。说到这里,我们就顺便回到福柯的话题上去吧。在前文提及的《规训与惩罚》那本书中,福柯批判的不仅是中世纪的酷刑制度,更主要的是批判透过监狱制度所体现的现代权力的运作模式。他不否认在现代文明制度下,中世纪的酷刑和肉刑已经受到了禁止,而且随着一种被边沁称为"政治秩序中的哥伦布之蛋"的现代监狱的发明和发达,自由刑在惩罚制度中也占据了重要的地位,但他认为,说到底自由刑仍然是在人类的身体上做文章的，即实际上也是对人的肉体所进行的一种"规训"，而监狱无非就是一种规训组织，整个现代社会都是一种充斥着规训行动的庞大组织，让人类的身体无以逃遁。

四、尾声：二三遐想

写到这里，我便一闪念想起去年跟弟子们讨论的一件事：我说毕达哥拉斯早就有洞见了，认为作为一种惩罚，我们的灵魂是囚禁在肉体里的，后来的许多宗教思想，比如基督教传统中的托马斯·阿奎那的学说，尤其是偌斯替主义，也都是这样认识的，这种观点很朴素，但其实也够有"终极意义"的啦——人类的脆弱、不自由乃至一切的罪恶和痛苦的根源，从某种意义上而言最终无非都是因为我们人类都拥有"身体"这样的一种臭皮囊；那么，既然现在人类的科技文明这么发达，是否应该想象一下，发明一种能够将人的灵魂从身体这所"监狱"中安全"解救"出去并加以妥为"安顿"的科学技术呢，比如，至少也可以通过一种手术，将足以维持人类生命的、最少限度的神经元系统从身体中分离出去，装在我们各自按照自己的偏好预先选好了的、类似某种美丽精致的鼻烟壶那样的器具里，然后放飞在空中，飘浮在云海；这如果可能，那么且慢！你们想一想，那时我们宪法学将面临什么课题？不！人类还需要法律规范系统吗？

这个讨论还没进入后面的法学话题，就被在场的几位女生的嗔怪，给"驳回"到了现实——呵呵，或许，她们可能强烈地反对舍弃自己的身体，而被装在"鼻烟壶"中（都怪我不自觉地采用了具有男性主义色彩的话语），孤独地飘浮于茫茫宇宙；或许，她们已经通过现在的网络购物系统，购买了一柜好看的衣服等着穿呢。

唉，回到现实，那就不得不顺便想起巩献田教授了。据说这位前辈前两年曾从马克思主义的立场，反对了《物权法》草案出台。我迄今没有认真看过他的立论，只知道他还提到《物权法》属于违宪的观点。巩教授果然也是好样的！居然能把那么多人给气得七窍生烟。但我们可以想象，如果将来咱们中国有可能像老巩的一位同事——从事宪法学的张千帆教授近期所主张的那样建立了联邦制，那中国的意识形态问题啊、国家制度问题等，或许也好办多了。比如，我们现在不是还有许多人想搞传统社会主义吗？没问题！不妨尊重这部分公民的政治意愿，在国内专门腾出一个州，成立一个他们认为正统的社会主义共和国，让所有中国人用脚投票，凡是主张搞传统社会主义的人，就统统可以去那个州安家立业，让他们的身体都"沿着社会主义的金光大道奋勇前进"，把"田"都"献"出去搞"人民公社"也行，不要《物权法》也行，反正人家爱怎么折腾就这么折腾。而至于老巩嘛，也可以去做那个社会主义共和国的第一桂冠法学家了，免得你们不满，还那样骂他——但这说到底，还是涉及身体与宪法的问题，即人类是否可以在一国之内通过自己身体的移动，自由地选择制度的问题了。

既然身体跟咱们宪法关系这么密切，最后我就进一步突发奇想了：那身体社会学、身体政治学、身体伦理学等，林林总总有关"活生生的身体"的学问都成立了，在当下我们极为沉闷的中国宪法学界，能不能也搞一个"身体宪法学"啊！如果能搞的话，那么，立足于当下我们所面临的现实语境，这篇小文，或许可算是"身体宪法学"的一个入门津梁？

宪政的风水 *

"子不语怪、力、乱、神。"但"厮呆"（stay）在香港这种地方，就时常可能风闻或想起"风水"这等事来，其中令笔者印象最深的香港风水故事是一个带有戏剧冲突色彩的传闻：当年，贝聿铭先生设计的中银大厦在港岛破土动工之后，时任香港总督的尤德爵士便一命呜呼了，新派来的港督卫奕信走马上任不久，也莫名其妙地染病入院。这下港英政府着急了，暗地里请来了华人风水先生，以求问出其中玄机。那风水先生摸着下巴的胡须，沉吟良久，才解曰：这中银大厦活像一把三刃剑，其中一刃正对准港督府，厥有人主之凶啊。英人一听大惊失色，当即叩求破解之法。那高人授曰：须在港督府门前种植芭蕉、柳树若干，方可破除凶灾。英国人大惑不解，问其原理，对曰：所谓"以柔克刚"是也。于是港英政府照办了，果然不久之后新港督就安然出院了，以致末代港督彭定康到任之后，据说他的办公桌都是按照咱们中国民间风水学的原理摆放的呢！

嗟呼！可叹我中华国粹，一直迟迟没有"内发性"地演绎出什么

＊　原载于《法学家茶座》第 15 辑（2007 年），现有订正。

宪政法治之学的理论高峰，却凭民间传承的风水玄学这一招，倒也可放倒他几个"鬼佬"，其间，虽无伤其宪制之大局，但也波及其一时的人事与器物，你说神吧？

鄙人当年听了这段坊间轶闻之后，便特别好奇。记得 1994 年还在日本读书期间，那年夏季去新加坡游访，就顺便取途香港，央求已在那里工作的一位师姐，特地打的带我去港督府方向走一趟，专门为的就是对那个传说中的"风水布阵"探明个究竟。由于考虑到港督府保安系统的限制，记得我们只好去到港督府的马路对面，一边观察起不远处中银大厦的凌厉外形，一边拉长脖子"觊觎"港督府的院内花圃——嘿嘿，果然还真的看到了一片依依的杨柳，绿叶婆裟，迎风摇曳，骎骎乎正承担着"以柔克刚"的神秘功能。可怜我那美丽的师姐，在香江的烈日之下娇喘不断，而鄙人则像领悟了"道可道非常道，名可名非常名"之玄妙深意那样，得到了一种类似于"妙处难与君说"的知性满足。

但说到"宪政的风水"，更重要的一个案例应该是在浙江。几年前，鄙人有机会到奉化溪口老蒋故乡一游，终于对此有所了解，也略消了我长期以来所形成的一个胸中块垒。

话说溪口那地方，如今早已开发成为浙江省的一个旅游胜地了，但鄙人对"蒋家菜"以及其他当地风物等根本没有兴趣，只是默默地与一拨游人一起，跟在一个号称是导游的溪口小姑娘后面，进入蒋家的老屋以及老蒋和宋美龄新婚燕尔时的那河边别墅逛了一逛，遂返回村头，观察起蒋家祖屋的地势风水来了：只见一条如练小河，流贯于村前，还算是颇有一点灵气；再远处尚有一脉低山，横向簇卧，望之亦有"笔架山"之构架。但总体而言,遗憾的是那河太小,那山太低,而更为要害的是,立于屋前,既无远眺之阔境;环顾四周,亦无深博淳奥之气宇,局限可谓大矣。无怪乎当年马一浮先生见了老蒋一面之后,就说此人"神情气象褊狭",只有刘裕偏安之才。而后来中国的宪政结局,也验证了这种阅人相面的结论。

老实说,鄙人对风水之学无甚研究,这类观察只凭一种感悟。但当日陪同我同去的一位学生则故意逗我说:林老师,"风水"跟您的宪法学有何关系啊?我只好带着笑谈口吻,回应说:呵呵,或许有吧,老蒋时代我们中国搞不成宪政,或许就是因为溪口风水的局限性所致的吧!

各位看官啊,说到这里,就别以为鄙人全然"瞎掰"了。众所周知,西方的政治地理学、法律地理学,在孟德斯鸠的皇皇巨著《论法的精神》之中就有论涉。这类学科虽向存争议,但如能吸收一点咱们中国的风水之学,研究一下"宪政的风水"等这样的课题,那或许就有救了,说不定还更神了呢!而反过来说,在中国"搞宪法",许多人认为单刀直入也是行不通的,既然这样,为何不妨发扬一下"创新立国"的精神,索性结合一下我们中国的国粹,建构一种"宪政风水学",以作为政治地理学的一个进阶领域、又或法律地理学的一种发展形态呢?

说到这里,也许诸位还是不能容忍鄙人竟然将"宪法学"这皇皇正论,与所谓"风水之学"那样的左道旁门硬是扯在一起。但是且慢!曾国藩可谓是中国近代史上最正统的、走"大道"的文士官僚的楷模吧,他不是也曾津津有味地琢磨出一部《冰鉴》吗?更何况在当今的中国政界,据说也仍然有一些官员在私下里笃信这一套老祖宗留下的玄学呢。

　　至于为何如此，笔者认为：曾文正公也好，当今官员也罢，均无不置身于人治社会特有的高风险的政治生涯之中，不免深感冥冥之中有一种神秘的力量在肆意翻弄着他们的命运，便暗自惶惶汲汲，借此求解玄机。

　　嗟乎！说到底，这还是跟宪政的气运有关。

法学的祛魅 *

一、方法论的觉醒

20世纪50年代,日本法学界曾掀起一场有关法解释问题的著名争论。这场争论最初是由一位民法学家来栖三郎教授的观点触发的,然后其他各个学科的许多法学家卷入了论辩。

来栖三郎主要针对的是那种将法规范的客观认识等同于法解释、从而主张只存在一种客观的、唯一正确之解释的观点,认为这是概念法学的残渣,是一种形而上学的、权威主义的解释论。

那么,在法解释问题上应该如何呢?

来栖认为,尽管法解释存在一定的约束,但围绕同一个法条,完全可能存在复数的解释。主张某一个解释是正确的,仅仅意味着是从复数可能的解释中选择了其中的一个解释而已,必然暗含了解释者自身主观的价值判断、甚至政策方面上的判断,而非客观意义上的认识结论。为此,在法解释的争论涉及政治问题之时,则属于一种政治性的纷争,职是之故,就不能将解释的结果仅仅归结于法律本身,

* 本文原载《中国法律评论》2014年第4期。

解释者也必须对自己的解释,即对自己作为主体判断的结果承担必要的政治责任。

来栖的这种观点,在某种意义上乃以曲折的理论形态折射了那个时代日本社会的倒影。彼时的日本,美国主导的盟军占领时期甫告结束,整个社会进入了从占领体制向安保体制的过渡时期:从极左冒险主义到极右的天皇制意识形态,各种新旧思想与行动一并登场,一个多元的自由社会陡然间扑面而来。这对法的思考与实践也产生了一定的冲击。正是基于这一点,来栖提出了法解释的实践性、法解释过程中价值体系的选择以及法律家的责任等问题,并迅速在法学界中引发了一场重大争论,被视为战后日本法学界最初的三大论战之一。

这次论战最终在意犹未尽的情况下结束,但之所以能成为跨学科领域的一场重要论战,还因为其涉及法学中的某种根本问题。这就是"法的科学"与"法的解释"之间的关系问题。如果再往前迈一步说,此则法学思考中有关"实存"与"当为"的问题。

能够在法学思考中明确意识到这一问题的,笔者曾称其为"方法论上的觉醒",其实也可称之为"法学的祛魅"。

其实,早在这之前,日本宪法学界的部分学者已出现了方法论的觉醒。其最重要的标志是,宫泽俊义早就形成了将实存与当为截然分开的问题意识,提出了将宪法的"理论学说与解释学说"、又或"宪法的科学与宪法的解释"加以严格区分的"学说二分论"。在宫泽俊义的学术生涯中,先后有三篇论文专门论及这个问题,依次是:《法律中的科学与技术——又或法律中的存在与当为》(1925年)、《法律学中的"学说"——将其加以"公定"的意味》(1936年)、《所谓学说》(1964年),而其中最早的一篇,则是他刚刚成为东大法学院副教授之时的力作。

宫泽俊义在"二战"之后初期成为日本宪法学执牛耳者,也是一位在学术思想上早熟的学者。1925年,宫泽26岁,以未及而立之年即在《国家学会杂志》上发表了此文,提出了应该将"法律科学的方法"与"法律技术的方法"加以区分的观点。他从法律解释学与法律社会学的区别开始论述,认为前者"绝非对实际存在的法律的发现,而是对应该存在的法律的发现",为此涉及"价值判断",属于"实践性当为的定立"。与此不同,法律社会学则属于一种"经验科学",主要致力于对实际存在的法律现象的探究,"为理论上的认识服务"。至于法律社会学与法律解释学之间的关系,年轻的宫泽已认识到,二者之间"不可能存在绝对性的上下关系"。其中,前者为后者提供一定的基础,后者确保其得到运用,但对于"法律家"(包括学者或实务人员)而言,能够"提供自主的、独立的活动领域的,仅仅是技术"。

1930年至1932年,宫泽先后赴法、德两国留学。在德国期间,他受到凯尔森学说的影响,此后进一步发展了"学说二分论"。在他去世之后,弟子芦部信喜教授曾总结道,"宫泽宪法学最为基本的特征"就在于"严格区别科学与实践、认识与价值,并与此关联,认为法虽然是政治的孩子,但法学(法的科学)则应该独立于政治,从而将对象的政治性与方法的政治性加以严格区别的学问方法论"。

可以说,得益于宫泽学说思想的早慧,日本宪法学很早就完成了法学的祛魅。

二、祛魅与法学

前文所提及的"实存"（Sein）与"当为"（Sollen），是德国哲学上的一对重要范畴，相当于英美哲学上的事实与价值，或我们通常所熟悉的实然（to be）与应然（ought to be）。但这里所说的实存与当为，或事实与价值的关系问题，对于法学的思考而言，也是一个尤为重要的问题。德国现代法哲学家佩斯卡（V. Peschka）曾指出，有关法的实存与当为的关系问题，乃是"法哲学中永恒的问题"之一，"也是第二次世界大战后法哲学争论的焦点"。

当然，诚如不少学者所已知道的那样，法哲学上对于事实与价值的区分，可追溯至 18 世纪英国哲学家休谟所提出的所谓"休谟法则"。休谟第一次从哲学的高度上提出了"实然"与"应然"这两个概念，认为二者之间存在一种"逻辑裂隙"，为此从实然命题中是否可以推演出应然命题实在值得怀疑。而近代德国的新康德主义，也明确主张将此二者分开，并反对二者之间的互相推演，此即所谓"方法二元论"（methodological dualism）。这一思想影响甚广，仅法学领域，其代表人物可举韦伯、耶里内克、凯尔森等巨擘，拉德布鲁赫、考夫曼等现代德国著名法学家亦仍属于这一脉之内。

那么，实存与当为、事实与价值的这种二分关系在人类的世界观中是如何确立的呢？这就与人类精神史的一个发展进程有关，韦伯曾经将其称为"世界的祛魅"（disenchantment of the world）。

具体而言，情况是这样的：在 17 世纪科学革命之前，西方知性体系的哲学基础乃是亚里士多德的哲学以及基督教的观点综合起来的认识论，即一种可称之为"目的论式的宇宙观"。这种世界观与中国传统的哲学思想以及人文精神可谓异曲同工、殊途同归，其中一个突出的共同要点即在于，在它们所认识的世界中，事实与价值均是浑然一体的。

然而，近代科学粉碎了这种世界观。在它看来，世界虽然呈现出一种秩序，但只是一种因果关系式的机械秩序，并不是"目的论式的宇宙观"所想象的那样充满着意义和目的。意义和目的不是那种可以被发现、被证立的"事实"，而是被人为创设、人为假定的东西。这就使得价值还原了其主观性的本来面目，从而使人类之于客观价值的信仰受到了根本的挑战。尼采所宣称的"上帝死了"，指的就是这种状况。而前述的所谓"休谟法则"以及新康德主义的"方法二元论"，也是在这种思想背景下产生的。

这种二元论的哲学观一向受到挑战，但不容否认的是，在洞悉了事实与价值紧张关系这一点上，它含有相当重要的真理颗粒，并在人类精神史上具有不可磨灭的意义。前述韦伯所言的"世界的祛魅"（disenchantment），指的就是这种世界秩序的发现。

人类精神史的这一发展进程，对所有人文社会科学均产生了重大的影响。由此产生了一种被称为"价值相对主义"的思想，它主张：价值或价值判断因判断者个人而具有相关性或相对性的意义，究竟哪一种价值判断是正确的，无法作为真理的问题进行研究和探讨。值得注意的是，价值相对主义不否定在学术研究的场合之外（如在政治领域）讨论价值问题的意义，当然也不肯定其意义；只是认为价值判断具有主观性，其真伪作为学术的问题加以探讨是没有意义的。

基于这一点，凡是含有价值判断的理论，其作为学术的资格都受到了严重的怀疑。在此意义上而言，价值相对主义是与近代实证主义相伴生的，后者原本就是经验主义，将学术的对象仅限定于经验上可感知的事实，无法通过实验或观察的手段验证其理论真伪的学科，均不应享有称之为"科学"的资格。在这种情形之下，包括哲学、伦理学、法学在内的许多与价值具有关系的学科，均被放逐于科学的殿堂之外。

新康德主义就是在这种背景之下出现的。其实，它的初衷也是力图通过扩大对"学术"的定义，从而尽量将一部分与价值判断有关的学科留在学术的殿堂里。当然，它并没有否定价值判断具有主观性，只不过主张：自然科学主要探究事实之间的因果关系，这是典型的科学；而与此不同，与价值和规范有关的学科，则主要探究人类行为的意义，尤其是探究这种人类的行为在价值或规范上的意义，这在学术上也是可能的。用一种简明的话说，自然科学自然是"科学"，而涉及价值问题的学科则可以称之为"学问"。

作为一门涉及价值判断的学科，法学也走过这样的历程。近代德国、英国等西方国家所盛行的法律实证主义，正是在前述的"世界的祛魅"的背景下沛然兴起的。而在法律实证主义的影响之下，很长一段时期内，近代西方法学的主流将一切政治、历史、伦理等角度的考量统统作为"非法律学的"方法加以排斥，一般都认为对于价值判断不能以科学的方法加以审查。在其谱系中，中国学者所熟知的凯尔森只是其中一人。其实，如前所述，凯尔森之前的德国国家法学（宪法学）的巨擘拉班德（Paul Laband, 1838—1918）、耶利内克

(Georg Jellinek,1851—1911)等人,均是这方面的代表性人物,只不过到了凯尔森,法律实证主义发展到了极致,此即众所周知的"纯粹法学"。

与许多新康德主义者一样,凯尔森并不否定价值的存在及其重要性,甚至承认对某种行为是否合法的判断即含有价值判断,但他从价值相对主义的立场出发,认为价值属于最为主观的东西,总是具有相对性。然而,凯尔森承认"规范"也具有客观性,其所说的规范就是一种"客观当为"。但他在这里所说的规范的"客观性",并非从规范的真伪或规范是否具有正当性这些角度而言的,而是从规范的"妥当性"这个角度加以认识的。质言之,凯尔森所谓规范的"客观性",主要指的就是某个规范可以从先行的上位规范中推导出来,或曰可从上位规范中获得效力依据的一种特性。也正是基于这一点,凯尔森宣称在这种情形下,"法律价值乃是一客观价值",只不过"法律价值之客观性仅限下属意义:价值存在便意味着法律规范之存在(即有效),且此客观性依赖于对基础规范之预设"。

前述的战后初期日本宪法学泰斗宫泽俊义,即在一定意义上受到了凯尔森这一思想的影响。

三、方法论上的混沌:以中国宪法学为例

应该承认,时至今日,新康德主义的方法二元论受到了一些挑战,尤其是那种在哲学本体论意义上将事实与价值(规范)截然二分的传统思维,在当代西方哲学界已受到了批判。尽管如此,笔者还是坚持认为:对于作为规范科学的法学而言,唯有从学科研究对象认

识论这一层意义上把事实与价值相对分开，才有可能确立其自身的规范研究方法及体系。在此方面，现代德国法学家拉伦茨的如下论断尽管还不够全面，但已有相当的启示意义："当为与实存、价值与事实的界域的划分是新康德主义所阐明的，它虽然不是最后的真理，但是假使少了它，法学就不足以应付其问题。然而，也不可过度强调此种划分，以致认为，不须考虑当为规范所应适用的实存关系，即可确定前者的内容。"

对于当今中国的法学而言，这一点或许尤其重要。长期以来，我国学者就一直习惯将"法律现象"仅仅看作是一种"社会现象"乃至一种"政治现象"加以把握。如今，"中国特色社会主义法律体系"被宣告完成，大规模立法时代陡然进入所谓的"法律解释时代"（笔者认为其实这同时也是一个"法律评价时代"）。在一些部门法学者的勠力倡言之下，往日备受冷遇的"法教义学"随之开始风行，大有趋于荣盛之势。曾几何时，这种法教义学往往被简单地贴上了"法条主义"的标签而受到了鄙薄，新近仍遭逢来自"社科法学"阵营的、不甘寂寞的挑战。法教义学与"社科法学"之间的这种纷争与恩怨，其背景是复杂的，在某种意义上或许正隐现了英美留学出身与德日留学出身的不同学者群落之间的那种"留学国别主义"式的角逐，但从方法论上而言，最终仍触及如何处理好"实际存在的法"与"应该存在的法"之间的关系这一问题，即涉及实存与当为、事实与价值之间关系的课题。

然而，在此方面，中国法学是否实现了祛魅，则有待求证。

就以笔者最为熟悉的宪法学为例，长期以来，中国宪法学恰恰存在一种盲点，即没有明晰地区分实存与当为、事实与价值，以至于陷入一种方法论上的混沌状态。就是进入 21 世纪以来，也有相当一部分宪法学者仍然处于这种状态。如果以此作为标志，与 1925 年宫泽俊义发表那篇题为《法律中的科学与技术——又或法律中的存在与当为》的标志性论文相比，可以说，中国宪法学的部分学者在"方法论上的觉醒"方面，居然落后了大半个世纪！

就晚近 30 年来具体的理论状况而言，起初有不少学者习惯从规范性命题中直接推断出事实命题。其最典型的推论方式是：详细列举我国现行宪法中有关公民基本权利的规定，然后与西方国家宪法中的类似规定或国际人权标准加以对应比较，以此证明在我国现行宪法制度下，人权已得到全面的或彻底的保障。这种方法所涉及的问题恰与法哲学史上的争议焦点南辕北辙：后者的主要争点在于可否从事实命题中演绎出规范性命题，而前者则是从规范性命题中"逆推"出事实命题。这在宪法规范的实效性尚未全面实现的情境之下，无异于画饼充饥。

目前，这种类型的立论方法已在很大程度上为我国学者所摒弃。然而，许多宪法学者却有意识或无意识地转向了从某些事实命题之中去追寻、提取、确认，或甚至直接推演出规范性命题的立场，即恰恰"返回"到西方法哲学史上备受争议的做法上去，却依然没有意识到事实与价值、实存与当为之间的对峙关系。

迄今为止，新中国宪法学在其发展历程中已发生了多次重大的争论。其中，涉及方法论问题的争论至少就有三次，依次是 20 世纪 90 年代有关"良性违宪"的争论、晚近政治宪法学与规范宪法学的争论以及有关宪政概念的争论。这三次重大争论均先后"吹皱"了我国宪法学理论研究的"一池春水"，按理说可大大地推动和促进宪法学的长足进步与发展；但令人失望的是，这种可喜的结果并未明显由此而出现。究其原因，可能是多样的，潜因之一正是由于参与争论的许多学者本身并未解决宪法学方法论上的一个根本问题，即事实与价值之间的关系问题。

不仅如此，在这三次争论之中，无一例外地存在部分学者自觉或不自觉地从事实命题中直接推导出规范性命题的现象，即存在了一种贸然承认"事实的规范力"、一种迫使规范与有关规范的理论简单地顺从、迁就乃至迎合已然形成的巨大的政治现实，甚至以直白或曲折的论证方式对其加以直接正当化，最后再从中演绎推导出某种规范性命题的偏向。

其中，政治宪法学者所运用的理论建构手法最为典型，也最为讨巧：他们预先依据当下的某种特定的政治现实情形，并参考了国外的一些对中国学界具有冲击力的学说作为辅助素材，重构出一个描述性的理论，使之产生出对"中国现实问题"具有强大解释力（实际上只是一种说明力）的感性印象，再不知不觉地把这种描述性的理论陡然提升为一种规范性学说，并借此将政治现实本身加以正当化。如果将这种立论结构还原为最简单的图式，那就是：因为现实是这样的，所以就是正当的。

从这个意义而言，笔者早年所形成的这种不惜刻意强调"方法二元论"式的问题意识，其在当今中国宪法学中的重要性，最终果然得到了应验。

第二辑

法治愿景里的返思

人类文明史中的法治[*]

法治之要义

　　置身于大激荡的转型时代，当今共和国正面临着必须致力于推动经济发展、政治昌明和社会和谐这三大历史课题。但诚如有学者剀切地指出的那样："法治"，作为一种文明秩序，是形成一个社会的政治、经济乃至文化秩序的基础，堪称一种元秩序（meta-order），而深思之下，吾人则不无焦虑地意识到：上述的三大历史课题，均无不与法治秩序的建设息息相关！

　　诚然，"法治"的概念，至少可追溯到亚里士多德有关"法治应当优于一人之治"这一著名的论说，而今日所言的"法治"，则大致可以理解为"依法而治"或曰"法的统治"，其最简明的含义，仍然与"人治"（rule of men）判然有别，而且，也主要指的是与"人治"相对抗的一种治理模式。但在中国的文化语境下，我们要特别注意的是，其实，所谓的"人治"，指的并不是"有人在治"，或者说某种治理的体制中存在

　　* 原文载《法制日报》2007年1月7日第13版以下，为国内多位学者共同执笔的《法治，通往现代文明必由之路——2007，倾听法学界强有力的声音》全文版之一部分。现有部分增订。

了人的因素,因为即使现代法治也不排除这样的因素;真正的"人治",指的只是那种依凭为政者分散性的、不受约束的意志、甚至情感或偏好所形成的主观决断而进行的治理。如果没有认清这一点,就会得出"法治也离不开人治"这样的谬说,以致在法治的大厦里为"人治"打开了大门。

另外,所谓"法治",也并非仅仅指的是"有法可依""以法在治",因为在人治模式下,法律也可能"在场",但只是单纯被作为治理的手段加以利用,而真正的"法治",则指的是法律的重要地位未必超越了政治哲学意义上的"人",但绝对超越了具体情境中的人(主要指为政者)的主观决断,在这个意义上而言,这意味着确立了"法律至上"的原则,为此公共权力必须依照预定的法律规范得以行使,而不受一时的公共权力支配者一时任性恣意的支配。在这种情形下,法律就不仅仅只是治理的手段了,法律体系本身也具有了价值目标,其中最重要的价值目标就是要适当地规范公共权力,约束公共权力,以在一方面维护社会成员作为人所应该享有的人的尊严与基本权利免受不当的侵害,另一方面也反过来为公共权力的存在与运作提供正当性的依据。这其实也应是中共十五大所确立的"依法治国"重大方略的题中应有之义。

然而,我们愈来愈是发现,在一个有着数千年"人治"传统的国度,要真正实现"依法治国"的文明秩序,则殊为不易!因为这首先就有赖于国人必须确立"法律至上"的政治准则,确立那种看似人定的法律却高于我们人本身的意志、情感与需要的思想观念。而纵观中国历史,这种准则或观念几乎"羚羊挂角、无迹可寻";整部中国历史,

也始终难以演绎出类似这样的伟大事件：当17世纪英国国王詹姆斯
一世(1603—1625)否定普通法的原则，主张国王的意志即是法，并谋
求使自己的命令凌驾于法律之上时，一位王座法院的法官——爱德
华·柯克(Edward Coke)则挺然而出，援引13世纪布雷克顿法官的
一句名言加以了有力的回应。这句极为生动地表达了法治观念的名
言就是——

　　国王不应在任何人之下，但应在上帝和法律之下！

三种不同的法治模式

　　是的，此种意义上的法治观念，在西欧的中世纪就已然萌生。君
不见：在欧洲民族大迁移之后，中世纪日耳曼人的观念中就曾存在
了法律是一种独立于人的意志而"客观存在"的"正义"这种观念。我
们今日的国人总是直观地认为法律是人为地制定出来的，可在当时
西方日耳曼人的观念中，法并非人所制定，而是客观存在的，人不过
是发现了法而已，具体地来说，它是作为"古老的善法"——习惯法而
存在的。由于是客观存在的正义，所有人必须遵守之，君主也不能例
外；甚至认为君主的任务是维持和保全实现客观正义的现有秩序，如
果君主侵犯法律，臣下得以反抗。

　　可以说，这正是人类历史上关于法治观念的滥觞。

　　然而，尤其值得我们追溯的是：在人类历史文明的长河中，这种
有关法治的观念，即使在西方各国也曾历经了几度风云、几度嬗变。
但也正是在这一人类文明史的发展进程中，"法治"的概念进一步得

到了历史的定义,进一步落实于制度的安排。

首先,上述的日耳曼法观念,固然形成并存续于欧洲的中世纪前期,但那只是一个社会变化极度缓慢、公共权力极度分散的时期。时至中世纪后期,特别是 12 世纪后半期以后,随着经济迅速发展,都市逐渐形成,社会次第变动,权力不断集中,便随之显现出法律观念的变化征兆。给这一观念变化带来最大影响的正是罗马法。在其影响下,产生了法律是根据皇帝的意志和命令而制定的观念。对于当时试图改变既存封建秩序、建立中央统一集权的欧洲王国而言,这种观念可谓正中下怀。

然而值得注意的是,尽管如此,罗马法也并未完全摧毁了日耳曼法的上述观念。在其后漫长的历史时期,这两种截然对立的法观念,甚至经历了长时间的对峙对抗而又共生共存的过程。其间,虽然罗马法观念在绝对主义的历史潮流中逐渐占据了上风,但在近代以前,就连被视为最为典型的绝对主义国度——法国,也无法完全抛弃具有日耳曼特性的习惯法观念。浸染了某种习惯法之品性的"王国基本法",就体现了这一点。而将法律依存于自己意志的绝对君主,也为了使自身的地位得到合法化,并获得民众的拥戴,实际上需要那种作为习惯法的基本法。

时至近代以降,中世纪的法观念再次受到了挑战,然而,行使权力至少必须依照法律这一中世纪的理念并没有被完全磨灭,相反,而是作为近代立宪主义的基本原则之一获得重生,在近代时期得到了继承与发展,并由此产生了英国、德国和法国这三个不同的法治模式。

作为近代的强国，英国所形成的法治模式堪称法治的典范，并对迄今为止的美国等英语国家和地区产生了深远的影响。而关于这种近代英国法治的特征，历史上的英国宪法学者戴雪曾归纳出如下三个要点：第一是正规法律的优位，禁止政府专断性地拥有广泛的自由裁量权；第二是法律上的主体平等，要求行政权与普通公民均服从法律，应同样在法院接受裁判；第三则是将宪法作为"通常法律的结果"，意指英国的宪法并非作为一种抽象的宣言而存在的，而是法律在法院实际上被适用的过程中所产生的一种结果，为此其所保障的权利，也可在法院中得到有效的救济。

作为近代西方后起之秀的德国，其法治模式则与英国有所不同。日本当代著名比较法学家畑中和夫教授就曾指出：英国近代的"法治"，被理解为抑制专断的权力，"保障英国宪法下所赋予的个人权利"；而在德国，这则曾被长期表达为"法治国"（Rechtsstaat），即18世纪末所确立的"形式法治国"的原理。从德国行政法学家奥托·迈耶的分析中，吾人可以看出，这种"法治国"的原理虽然也承认法律的优位原则，但法治主要被理解为"依法行政"，而法律是否应该包含保障人的最基本的权利与自由，则不被视为法治的要义。

而在历经了近代市民大革命的法国，法治，又拥有别具一格的内涵，其核心就是所谓的"合法律性"（légalité）。但不同于德国式"形式法治国"的是，由于1789年大革命以及卢梭思想的影响，法律被界定为是"一般意志的表明"，为此，与"主权在民"的原则一致，国民议会的立法也被看成是高于一切的准则，行政执行权只被限于对此种法律的执行，而议会的立法本身是否具有正当性，也就是说是否侵害了人的基本权利，则在所不问了。

现代法治：从多样性迈向的共识

追寻法治在西方历史中的踪迹，我们可以发现：人类的文明史定义了法治，而法治也定义了人类的文明；然而，即使在西方文化传统之中，法治的模式也并非独一无二的、亘古不变的。

时至现代，何谓法治的问题，又再度受到了时代的追问。

这也是由于在当今，许多国家的权力构造中都出现了一种所谓的"行政权肥大化"的倾向，委任立法的大量出现，加以政党政治的制度媒介，使立法权和行政权逐渐趋于融合，法的制定和法的执行之间的区别也变得模糊暧昧，从而消解了"法治"被等同于"行政的合法律性"这一起码的内涵。这就对各国传统的法治原则提出了挑战，法治的含义也像英国著名法学家詹宁斯（W. Ivor Jennings）所言的那样，变得"如同一匹桀骜不驯的烈马"。

然而，作为人类理性精神与政治文明的一种文化形态，法治，也应具有一种核心的内涵。基于各国法治历史的经验与教训，面对当今政治国家的发展与演变，探索法治内涵的精义，促进法治秩序的建构，就成为现代各国有识之士的远虑。在此值得一提的是，"二战"之后，国际法律专家会议（The International Commission of Jurists）就曾举行多次研讨，试图改写传统的法治含义，提出一个具有普适性的法治概念，最终于 1959 年在印度的德里会议上就"法治的本质"（the nature of law）达成了大致的共识，并庄重地宣之于《德里宣言》之中。这份可谓凝聚了人类一千多年来法治文明智慧的宣言，审慎地提出：

作为人类最高价值的"人的尊严",必须成为所有法律的基础,并进而确认法治应该包含如下内容,包括确立立法机关和责任政府的权力范围、完善公民权利的救济机制、遵守人权保障的最低标准、维护司法独立的基本架构。

这,可以说就是当今国际社会对现代法治的一个较为权威性的定义。

这,可以说是现代政治文明、社会文明所定义了的法治。

反观中国的文化传统与现代国情,我们的确可以发现许多不利于实现这种现代法治的要素。申言之,在当今中国,法治之路之所以一波三折,备尝艰辛,如果单从文明史的角度而言,这或许乃是由于西方式法治所强烈对抗的"人治",在我们传统的中国文化中,并不全然是那种简单的公共权力支配者的恣意支配,而是一种与"德治""礼治"甚至法家式的"法治"相结合了的、即已然受到了规范约束的"人治",为此迄今为止,仍有许多人对这种"人治"寄托了希望,并容易将法治看成是其附庸。荀子曾说:"法不能独立,类不能自行;得其人则存,失其人则亡。法者,治之端也;君子者,法之原也。"类似的这种观念或心态,仍在当今中国治理精英阶层中广泛存在,而普通大众之中同样也相应存在对具有非凡魅力的领袖人物、即对卡里斯马式"圣主明君"的崇拜,以及根深蒂固的"包青天情结"。

应该承认,作为中国传统社会治理模式的这种人治,是人类文明史中高级形态的"人治",它不仅超越了西方法治所曾对抗的独裁者式的"人治",缓和了中国社会从"人治"走向"法治"的冲力,而其本身也的确蕴含着许多深远的智慧,值得我们在思考和建构现代国家治理模式的过程中去加以吟味和借镜。

然而，我们必须看到，传统中国社会的那种以礼治、德治为核心的人治模式，毕竟只是以宗法社会为基本结构的农耕社会文化的产物，根本无法作为高度复杂化了的现代社会的治理模式；事实上其本身也在中国走向现代国民国家的历史关隘中遭遇了破产，根本无法再作为一种观念和制度的系统，得到全面复活或继续维持。尤其值得注意的是，在礼治和德治的传统规范已然全面崩坏的当今，中国式传统人治模式中那些有限的合理要素，基本上也被掏空，为此，如果墨守这种治理方式，便尤为容易导致公共权力的失控，导致权力支配者的和肆意和专断。帝制在中国被推翻以来的许多历史事实，包括"文革"期间的历史事例，均可明证了这一点。

有鉴于此，我们唯有引进作为人类文明共同成果的现代法治模式。

当然，在此方面，我们也应该承认，自晚清修律变法以来，中国人也曾引进西方法治，但同样屡遭挫败。然而，这一点不同于中国传统人治模式自身的礼崩乐坏，即并无必然的宿命。因为，同样具有深厚儒家文化传统的其他国度或社会，诸如日本、韩国以及我国香港等地区，也已然实现了前述的现代法治。

是的，质言之，我们并没有什么特别的理由，可以拒绝这种现代法治文明！

我们也应该有足够的智慧，去接受这种法治文明！

而在中华民族伟大复兴的历程中——

法治，同样将可以成为数千年文明发展史画卷上的点睛之笔；

法治，也不应成为今日国人还在茫然等待的戈多！

在一本书中眺望宪政的远景*

　　王世杰、钱端升合著的《比较宪法》可视为民国时期我国宪法学领域的扛鼎之作，也是我国百年间法学书丛中难得的佳品。它获得当今学界的广泛重视，甚至被奉为当下我国公法学人难以逾越的一座学术高峰。

一

　　20世纪中国的宪政史，可谓云谲波诡。自1908年清政府颁布《钦定宪法大纲》始，几乎穷极这个世纪的上半叶，作为东方专制"老大国"的中国，一直未能走出这样的一种历史怪圈，即一方面被称之为"宪法"或具有"宪法"性质的纸面文书层出不穷，花样翻新；另一方面国人却犹如涸辙之鲋那般，沉重地苟活于清季那场所谓"预备立宪"运动的历史惯性之中——尽管那次"预备立宪"业已伴随清帝国的崩摧而告终结，但在实际上，清末开启的"预备立宪"，无论是作为

---

　　* 原文写于2010年9月，本系应邀为王世杰、钱端升合著《比较宪法》(商务印书馆2011年版)一书所写的卷末导读；后又应《检察日报》编辑约稿，曾以《为了双重意义的超越》为题缩写成本文，载于《检察日报》2011年1月20日第3面《学术》版，在此略有修订。

一种政治社会的普遍心理，还是作为一种实际政治的运作程序，都像中了魔咒似的，反复不断地被持续了下去。从那个时期开始，中国就一直长久地处于一种不断持续的、堪称"预备立宪主义"的历史情境之中。

本书正是这个时代所产。毋庸多言，这是一个根本难以成就"法教义学"意义上的宪法学的时代。宪法性文本的变换更迭，恰恰使得这种学问陷于不毛的境地。但与此不同，介绍外国宪政经验的著作则四处开花，几乎令人乱花迷眼。但作为这个时期产生的一本同样题为《比较宪法》的讲义性著作，本书与上述众多类似的著作一样，也同样带有某种"过屠门而大嚼"的意味，尽情"摭述列国宪法或法律上诸种不同的规定"，爬梳西方学者诸种不同的学理见解，说透了，其实也就是在自己的母国尚未迎来宪政的历史时期，怀着立宪主义必然到来的愿景，眺望各个法治先行国家宪政的远景而已。

二

阅读的本质，无非是读者与作者之间就某种真理问题而在书面语言世界里的一种对话过程。尽管本书是一部问世于 20 世纪上半叶的旧著，但如果将其纳入现代读者的阅读范围，尤其是现代法科学人的"深读目录"，则人们可能不难发现，本书在它自身立足的专业领域里面，依然在有力地传达着某种具有当今价值的学术内涵。

第一，多语种、多国别第一手权威文献的援用。作为仅由两位学者合作的一份研究成果，却能同时援引英、法、德等多语种、多国别的第一手研究文献资料，而且还是基于著者亲身游学海外的学术经历，而对同时代西方各主流法治国家中诸多有代表性学者乃至学术巨匠的权威著述，所进行的如此广泛的有甄别的征引。翻检全书，我们可以看到，其所援引的对象除了博丹、霍布斯、洛克、孟德斯鸠、卢梭、西哀士、麦迪逊等这些在人类宪政史上震烁古今的思想家之外，作为著者同时代或相近时代的各国公法巨擘或相近领域的名家，英国的戴雪、布莱斯、科勒、拉斯基；法国的狄骥、埃斯曼、马尔伯格；美国的伯吉斯、古德诺；德国的拉班德、耶利内克、奥托·迈尔均被纳入视野，就连在魏玛时期刚刚崭露头角的施米特，也因其新著《复决与创制》一书，而在援引之列。由上不难推知，援用于本书的学术文献，即使在历经了大半个世纪之后的今天，都仍然具有学说史意义的价值，甚至具有并未灭失的当今价值。

第二，建立在扎实的文献综述基础上的见解。今日法学界许多学人立说，鲜有深厚的文献综述作为基础，甚至不知其为何物。但本书在此方面，实已提供了典范。比如，在第一编第二章第四节"国家的起源与依据"之中，著者就广泛梳理了神意说、契约说和强力说、有机体说、群性说、心理说等各种理论，其中在契约说之下，又分别梳理了霍布斯、洛克和卢梭三人不同的学说以及各国学界对契约说的批评理论。不得不承认，这类功力深厚的文献综述，本身就已具有独立的学术价值，更可贵的是，在许多重要的、关键的问题上，还可以每每见到作者在此基础上作出要言不烦的评价，提出了自己的见解。

再以本书所秉持的有关基本权利保障依据学说为例。著者认可同时代英国政治理论家拉斯基在 20 年代提出的有关理论，认为国家之所以必须承认并保障个人的自由，并非因为这些个人自由像洛克等自然权论者所说的那样属于个人与生俱来的权利，即所谓的"人权"，而是"纯因这些自由为个人发展人格时所必需"，而另一方面，这种个人的人格发展，乃是"促进社会分工现象发展时所必需"，而作为国家的目的，促进社会全体之进化则又"有赖于人类分工现象的发展"。换言之，保障个人自由，实际上将会达到国家与个人两方"双赢"的盛况，其因果关系的回路系统是：国家保障个人自由→个人人格发展→促进社会分工→促进社会进化→实现国家目的。

当代美国学者内森在《中国权利思想的源流》一文中曾经指出：中国人缺少对自我本位性质的个人主义的尊崇，如果让中国宪法文本的起草者重视基本权利，并确实将其全面写入宪法，那么，其目的也不会在于针对国家而保护个人的权利，而是在于借此如何让个人为国家之强大发挥有效的作用。直至当今中国各种的人权保障理论，均被这一指摘击中了要害。但值得注意的是，早在大半个世纪之前，本书所认同的上述有关基本权利的保障学说，则已经具有更为丰富、也更为具有"切实"的理论内涵，迄今仍值得重视。

第三，宽容的学术精神、公允的学术立场。本书不仅能够在某些问题上，公允地引述有关社会主义倾向的宪法观点，而且其也能明确地认同其中一些这样的观点。应该说，这些观点一方面在当时的学术上大多属于前沿性质的学术观点，但另一方面在政治上则毕竟较为敏感，而著者能如此对待，确实体现了某种宽容的学术精神和公允的学术立场。如在关于平等理论方面，著者在介绍了传统的法律平等原理的内涵及理论依据之后，专门引述了"今之主张社会主义者"对传统法律平等说的批评，最后指出："近今倾向社会主义的宪法或法律，一面宣示平等主义，一面复对于劳工、妇女、儿童等弱者阶级，设立各种特别的保护，在理论上确甚合逻辑，不是矛盾，也不仅是调和。"

三

作为一部在大半世纪之前问世的旧著，本书存在一些"微瑕"也在所难免。而如何透析出"白璧"中的"微瑕"，也是我们在阅读中应所重视的功夫，同时，还是当今我国法学同仁是否可以超越本书学术成就所须完成的关键课业之一。

本书第一编第二章的"国家的概念"，高度地概括了关涉宪法学之基础的国家理论，可能是本书中写得最为精彩的部分。但在笔者看来，本书最为重要的缺憾，恰恰同样可能存在于本章，主要表现在：在这一章之中，有关国家的多种政治理论均已纷纷出场，唯独有关国家的法理论——即类似于近代开始就在各大陆法系国家得以发展的所谓"国（家）法学"理论——的评介却极为贫弱。其实，在民国时期，国法学理论的译介在国内已有所冒现，而此书也曾在本章第三节第三目"主权之所在"中论及了国家法人说，但不仅极为粗略，且仅此而已，可见全书对国法学中源远流长的规范原理并未深入把握。通观此后我国宪法学，国家法学观方面一向处于先天营养不足、后天发育不良的状况，故而时常为政治学或社会学等种种国家观的思维所左右，乃至迄今，规范主义国家观仍然没有扎下坚实的根基。此种理论状况的后果，虽不能完全归责于本书，但也已然可以从这部民国时期极具影响力的宪法学著作中窥到了端倪。

据说，晚年的王世杰先生常在园子里吟诵苏东坡的一些经典词作，并为其中的《定风波》而潸然动情——

> 莫听穿林打叶声，何妨吟啸且徐行。
>
> 竹杖芒鞋轻胜马，谁怕？一蓑烟雨任平生。
>
> 料峭春风吹酒醒，微冷，山头斜照却相迎。
>
> 回首向来萧瑟处，归去，也无风雨也无晴。

以宏阔的视角回望中国百年立宪史中的凄风苦雨，令人击节长叹。而其中最大的悲哀，莫过于为此所累积储备的诸种社会历史条件，反复被各次的历史事件所无情摧折；莫过于"预备立宪"明明已告终结，却又无法消停……但尽管如此，今日的我们，确实已有必要带着旷达的情怀，走出历史的怨艾，达致"也无风雨也无晴"的境界。而在其间，也不妨怀着薪火相传的信念，捧读古意苍茫的此书，回溯弦歌不辍的学脉，体味前人"眺望宪政的远景"的苦心。或许唯有如此，我辈才有可能彻底超越"预备立宪主义"的历史。

中国需要西方式的法治吗？

答本科生的一封信

C同学：你好！

你的来信收到了。这几天连续开会，迟复为歉！

你提的这些问题，其实已经涉及很艰深的理论问题了，并不像你自己所说的那样是"可笑"的。其实有许多年轻的学生，甚至是当今许多成熟的学者，都有类似你这样的问题和疑惑。老实说，我也不知道自己是否能够回答得了这些问题，甚至作为一个主要学习和研究公法学的学人，是否胜任回答这样的问题。但作为接到难题的教师，总有义务谈一下自己的感想和陋见，以供你参考。

首先，你说"在中国面临一种法治的改革，这种改革其实就是推翻一种游戏规则，而建立一种西方的游戏规则"，即从以道德为主要社会规范向以法律为主要社会规范的形态变迁。这种认识基本上是对的。但我觉得，在这里还应该注意如下两点：

一、你提出的"法律应该成为中国的游戏规则吗"这个问题，其实早在清末修律之际的一场"礼法之争"中也许就早已有了初步的答案，如今更可以说是历史已经给出了回答。当然，这个问题迄今仍有根本性质的学理意义值得探讨，为此不能小觑。但应该说，从伦理社会向法治社会转型，不只是我们中国近代以来面临的历史课题，而是许多国家近代以来共同的演化趋势。我们不得不承认，中国传统的德治虽然具有伟大深厚的传统，也符合数千年农耕社会的经济和精神结构，但时至近现代，仍然力图主要以道德伦理维系社会秩序，不仅具有自身的界限，也已绝无可能。对此，你如果有兴趣，可去读一读日本现代著名法社会学家川岛武宜教授的《现代化与法》一书（此为中译版书名，中国政法大学出版社 1994 年版，尤其是前半部分与此话题相关），或许会有所体悟。

二、现代的法治并不应该，而且事实上也不可能完全"推翻"道德规范体系，而是如我那场讲座中也谈到的那样，即使在法治成熟的社会，仍然会形成多元社会规范的共存，而且法律仍然会被认为应该具有一定的"道德性"（如美国战后著名法学家富勒就有这个观点，可阅读他的代表著《法律的道德性》，商务印书馆 2005 年版）。也就是说，法律在很大程度上只是设定道德的底线，使人类不至于堕落到更低的程度，正如德国近代公法学家耶利内克所说的那样是"最低限度的道德"。

其次，你提出"中国现在的法律缺乏的到底是学习西方还是本土化"这个问题，并担忧"普遍的照搬西方理论"带来问题，这的确是很重要的，我对此深表同感。当今中国的立法与法律理论研究，诚然都存在这样的倾向，这已为许多学者所诟病。在其他国家的法治化过程中，甚至在"西方"内部的一些国家，这种情形也曾存在，比如德国历史上，著名的民法学家萨维尼就曾经有意识地指出，法律和语言、风俗一样，都是"民族精神"和"民族共同意识"的体现，并且是自然而然逐渐形成的。

但是另一方面我们也须看到，西方法治文明的普及，也不是全无理由的，而如果一个国家或民族的人民和立法者倾向于决定选择吸收这种法治精神和法律体制，包括我们如果能够假设当下中国的农民都向往城市、都愿意接受城市的生活形态的话（事实上这种情形在当下中国已然有所存在，但我这里没有贬义），那么，作为（法律）学人，我们所能做的无非只是：第一，立足于像韦伯所说的那种"以学术为志业"的传统立场，以客观中立的态度面对这个潮流和动向，进行价值中立的思考和研究；第二，与此略为不同，承认法学是有价值导向的思考，或者干脆从实践者的立场出发，自觉参与或努力影响"人民"或立法者、法律解释者的选择，这里自然又可分为两种主要的具体态度，即支持和反对。至于你该立足于何种立场，我觉得这就属于你个人的选择了，但不管如何，综合的结果均不会因个人的意志为转移的，而会经过来自于各种价值立场之间的冲突、沟通和博弈。如果说我们的价值判断还需要标准，那么这种标准也必须通过这种过程得以确立和检验。至于属于终极意义上的"诸神之争"的那个部分，则非我们人类可以参与的了。

最后，要说的是：你在来信中将道德和法律都说成是"游戏规则"，只不过认为前者是属于中国的，后者则属于西方的；对于这一点，我还是保留一些看法。其中值得特别一提的问题之一是，将法律描述成"游戏规则"，这在很大意义上很可能是属于西方后现代主义的一种反对西方现代主流传统体系的说法，比如我那次讲座中所提到的法国后现代主义学者利奥塔（F. Lyotard），就明确持有这样的观点，而且具有代表性。但问题就又回到你的原点上了：既然你对"照搬西方理论"心存疑虑，却何必同样"生搬硬套"更有可能背离我们中国当下国情、背离中国"本土化"的西方后现代法律理论呢？呵呵！

以上的答复可能不够全面，也未必"正确"，甚至才真正"可笑"哩，仅供你参考。谢谢你的厚爱，也谢谢你基于对我信赖的发问。

祝学习愉快！

梵　师
2008 年 11 月 17 日

苏格拉底与李斯之死

苏格拉底与李斯,这两人在吾人心目中的形象,一定有云泥之别,但都是慷慨赴死的古人,而且其慷慨赴死的行为,还具有可阐发的意义。

说到慷慨赴死,最令人景仰并为之掬一把泪的,我觉得是那位在临刑前索琴弹《广陵散》的文人——嵇康。一个临刑东市的书生,居然气定神闲、泰然处之,索琴弹广陵,曲终后一叹:"广陵散于今绝矣!"这等风骨,即是我中华文化中"死的美学"之典范。

苏格拉底之死,也有这种美学的况味,但更多的是一些哲学色彩。他拒绝完全有可能成功的越狱计划,自甘领受毒酒,最终慷慨赴死,颇具现代"行为艺术"的一种气韵,但较之于"死的美学",更倾向于是实践了一种"死的哲学"。

据柏拉图《斐多篇》的记述,苏格拉底在死前也是连续不断地跟弟子们滔滔不绝地讨论着生死、灵魂等人类的终极话题的,这使得他的死更具有一种哲思的意义。除此之外,笔者觉得,苏格拉底对自己选择死亡之理由的论证方式,也是值得吟味的。在他看来,城邦的公民与法律之间存在着一种"契约"关系,作雅典的公民,就必须接受和尊重雅典的法律，如果对雅典的法律不满，则完全可以选择离开雅典迁往其他城邦；而他自己至今生活在雅典，并接受了这次的审判，这就意味着并没有解除这一契约，为此理当接受审判的结果。这实际上就阐发了合法正义的一种可以论证的观念性理由，易言之，他告诉我们为什么一个从属于特定公共社会的人，必须遵守法律。

当然，苏格拉底式的"死的哲学"也是相当高迈的，比如根据他的论述，支撑公民与法律之间的那种契约关系，并进而支撑了合法正义之具体正当依据的，乃是公民的迁徙自由——即可以因为不满自己所在国（城邦）的法律而自由地"用脚"去解除那种"契约"。估计这在古希腊的城邦国家之间是完全可行的，但在近代之后则需要宪法的保障了。吾人知道，这项权利，在我国现行宪法上还没有规定呢。所以，我曾想过，要论述迁徙自由的重要意义，不妨也可从苏格拉底之死谈起。但无论如何，这位伟大的哲人，主要还是以慷慨赴死的行为，实践了合法正义的精神，为后世提供了如何对待实定法的一种哲学态度。

李斯之死，也涉及他作为一个个体的人与正在运行的法律体系之间的关系，而且有意思的是，他本人与法律之间的这种关系，比苏格拉底所言的公民与法律之间的"契约"关系，更为直接更为密切，基本上相当于是作茧自缚、设构自陷、甚或"请君入瓮"版本的了。因为，大家知道，这位秦国的丞相，本身就是《秦律》的主要制定者之一，也可谓我中华法系传统实定法体系的始作俑者之一，没想到最后，他所参与定夺的五刑，就全部轮番用在他的身上了。据太史公在《李斯列传》载："二世二年七月，具斯五刑，论腰斩咸阳市。……夷三族。"

这里顺便说一下，这"三族"，指的是父族、母族和妻族。按照李斯那样的家世，连坐起来恐怕总有数百号人，夷之，法场上也势必尸骨成堆，血流漂橹。但对李斯而言，这实在没有办法，想当年他给秦始皇当丞相的时候，骊山脚下也是一下子就"坑"掉了数百儒生，典范性地开启了以消灭人的肉体的方式去侵害现代宪法所保障的言论自由的血腥先河。这一场历史血案的责任，他也是脱不了干系的。到头来轮到他时，他也就只好默认了。这种默认，也有点类似于契约精神，但跟苏格拉底的概念完全不同，也来不及上升到哲学的高度，或者说根本无力上升到哲学高度。虽然，他是有智慧的，他早年就曾经在厕所和粮仓之间细致观察老鼠，并且凭着中国文人的那种特有感性，悟出了好男儿要去当官那样。但这还算不上哲学命题。而具体到他最终的结局，实际上则可以说是他自身选择的一种结果——他本来就像是有幸进入了罗尔斯所说的某种"无知之幕"背后的人，有机会参与订立自己走出帷幕之后开始适用的那套人间规则，但却没有意识到自己所置身的那种非法治社会官场中的巨大风险，居然力主建构了一种残忍的法律体系，没想到最终他本人及其三族恰好自陷其中，惨如一群鼠辈而被灭死，也颠覆了他早年所悟到的"人之贤与不肖譬如鼠矣，在所自处耳"这一经验命题。

　　当然，这样说，也许忽略了人类成员的历史局限，而过于苛求古人。其实作为文人出身的李斯，到了最终要承担非法治社会官场中的巨大风险时，还是颇有一种古风的。史载，在他跟自己的儿子一起被押赴法场的路上，也说出了一句千古流传的话来，让人回味无穷。此即所谓"牵犬东门岂可得乎？"*

---

　　* 《史记·李斯列传》原文载："二世二年七月，具斯五刑，论腰斩咸阳市。斯出狱，与其中子俱执，顾谓其中子曰：'吾欲与若复牵黄犬俱出上蔡东门，逐狡兔，岂可得乎！'"

岳飞之死的历史现场 [*]

有一首古词，我总不忍卒读，否则，那字里行间回环萦绕的一腔孤闷，便会全部涌入自己的胸中，久久回荡不已。那就是岳飞在被高宗赵构以十二道金牌召回之前所写下的《小重山》。全阕如下：

> 昨夜寒蛩不住鸣。惊回千里梦，已三更。起来独自绕阶行。人悄悄，帘外月胧明。

> 白首为功名。旧山松竹老，阻归程。欲将心事付瑶琴。知音少，弦断有谁听。

不少读者可能已经知道，岳飞之死的必然性，在如今的"通俗历史学界"已有了新的诠释，并似乎在他所留下的一些诗词中，也能得到一些"诠释学意义上的循环"之印证——是啊，人家赵构都已经在杭州混上了皇帝的岗位了，而且在"偏安"国策之下，民心思定，一个拥有实力的新富阶层也已经在富庶的江南不断壮大起来了，你一个三十九岁、还没达到"不惑之年"的男人，只因为一时手握重兵，就过问皇位继承人，还居然要"踏破贺兰山缺"，动真格地想去救回"靖康

---

* 本文为 2006 年夏所写的一篇博文，原题为《也谈岳飞之死》，现有订正。

二帝"，而且为了"功名"念兹在兹，以致"白了少年头"。这是何等居心啊！就凭这一点，在人治专制社会的体制之下，为万无一失计，推定你谋反，将你扳倒拿下，才是安全的。殊不知，像"莫须有"这样的有罪推定，在今日中国司法实践中都很难根绝呢，更何况是搁在南宋。

拿下岳飞，其实也是颇有民意基础的，如前所述，毕竟新富阶层已经开始崛起了，他们才是拥有现实的意志能力或意志表达比较活跃的主体，为此，即使当时江南各州像古希腊城邦一样都搞起了直接民主，比如临安人民可以聚集于吴山广场表决，岳飞的命运未必就不是堪忧的。虽然故事里说岳飞被杀害的消息传出后，天下人无不为之痛哭流涕，连三尺童子也怨恨秦桧，可是鬼知道当时是否果真如此，岳飞本人早在《小重山》就自叹"知音少，弦断有谁听"呢。更何况在操纵着国家意志的统治高层内部，当时已是没有岳飞的活路了——即使在谤议迭起、诤言难进的情形下搞成了民主表决，他注定也是个输家。而至于民众，只能在几百年之后的当今，在各种历史读物的引导下，到杭州旅游，其间顺便选择进入岳庙这个"景点"，看到当年权倾一时的秦桧、万俟卨等已经被铸成了黑黢黢的铁像跪在那里，联想到现下老家的官员之乖戾可恨，便往那铁像身上猛吐口水，再一起把秦夫人王氏像的两个胸脯摸成白花花的了。

捉拿归案之后，就得将"莫须有"坐实。但在人治社会的刑狱中，这并非什么难事，只消动用几个底层小吏加点班，付出一些"体力活"就行了，而这些人也熟门熟路地懂得如何作业，去拷问你的"臣子恨"，彻查你为何"欲将心事付瑶琴"。

可叹一代英杰岳飞，就这样魂断风波亭。

"风波亭"的名字，有一种说不出的文雅怪味。今日许多熟悉这段故事的民众都知道它是岳飞死刑的执行地，但也许为此感到诧异：为何要在一个亭子里执行岳飞的死刑呢。其实非也。那风波亭乃是当时的大理寺——相当于如今的最高人民法院吧——的所在地，按古代建制，里面直接配设监狱。岳飞等一干同案人员，首先是被投入那里的。

在风波亭，像岳飞这个顽梗的"案犯"，不受酷刑是不可能的。当时秦桧命右谏议大夫万俟卨审问此案，这右谏议大夫本来也只是从四品的言官，但一时担纲了一个特大案件的"专案组"，又须"整"出岳飞谋反的证据，所以就动了酷刑——一种叫作"披麻拷"的刑讯，其具体过程是这样的：先把人打得血肉模糊，再在其身上紧紧粘上一种麻布条，那麻布上预先粘满了热胶，是由鱼鳔熬出来的，因为鱼鳔最有黏性，所以麻布一旦粘上了身体，就别想再分开，待到晾干了之后，用力倒拽那麻布条，能连皮带肉扯下一片，受刑者往往惨叫不已、痛不欲生。此刑如此惨无人道，即使在古代中国专制社会，也一向不入正典，但在人治社会，不入正典的刑讯往往在私下照样可用，却是一个通例。

据载，岳飞最终也熬不过这个酷刑，只好招认了谋反。

接下去就是顺理成章的结局了——岳飞在风波亭里被处死。而能在法院的监狱之内被直接执行死刑，对当时已招认了谋反的岳飞来说，也算是一个意外的"殊荣"吧，这全赖高宗"有旨，岳飞特赐死"，给了一些体面，至于他的儿子岳云、部将张宪则是被押往临安闹市斩杀的。众所周知，押往临安闹市斩杀，这是古代比较一般的死刑执行方式了，跟当今我们死刑执行机关将人犯押往人迹罕至的荒地枪决差不了多少，但值得注意的是，当代文明的法治国家，则多在监狱之内执行死刑，否则可能构成违宪。岳飞之死，似乎就享有这个待遇。

然而，揆诸史料，岳飞被执行死刑的方式则可能是颇为残酷的。关于这一点，考证起来可发现三种不同说法。

第一是绞杀说。此为当今不严格的一种史说。绞杀固然是古代为了保留全尸所适用的较为普通的一种死法，但问题是，岳飞是否被适用此种死法，在史料上难以印证。

第二是毒杀说。史料上确实有一种记载，说"侯中毒而死，葬于临安菜园内"。如果岳飞果真是被授以毒酒而死，那就跟古希腊哲学家苏格拉底一样的死法了，所不同的是，岳飞在饮下毒酒前，是没法跟一班人高谈阔论哲学问题的——他压根是个中国式的怨死法，只能临刑前留下 8 个字的绝笔，而且可能是为了表达极度悲愤，具体内容还是重复的，那就是："天日昭昭，天日昭昭。"如上所述，岳飞在狱内是受过酷刑的，对于岳飞来说，相对于那残酷的刑讯，能喝一小杯毒酒去死，那几乎算是"安乐死"了。但问题是，如果采用毒死的方法，从统治集团的立场而言，就有点像政治谋杀了，为此估计毒杀说也是不可信的。

相较之下，最具有可信度的是第三种说法，那就是"拉胁"说。此说也是有史料根据的，有载"其毙于狱也，实请具浴，拉胁而殂"。"拉胁"乃是古代中国的一种死刑执行方法，在《酷吏传》中即有记载，具体方法乃是打折肋骨致死，这比毒杀就更为残忍了，在现代法学上，无须赘言也算得上是酷刑了。不过，从万俟卨等人的立场而言，反正岳飞的英雄骨差不多也已经在风波亭的深狱内被打残了，最后索性就这样将他结果了，不但符合留个全尸的圣意，在死刑执行的"作业"上倒也顺理成章。

岳飞之死如此冤枉，又如此惨烈，不知他回朝时是否始料未及，但恰恰应和了他在《小重山》中"惊回千里梦，已三更"的说法。如今，当我们穿越中国人治历史的茫茫时空，重返那黑暗的历史现场之际，不得不说，也有一种"惊回"的感觉。

秋菊女儿的困惑 *

引子：困惑的来由

近阅《法学家茶座》第 19 辑，读到了中国政法大学柳经纬教授《我家住在小河边》一文，颇觉有趣。该文谈的是国人在民商事立法中的"国有财产情结问题"，文末说了一件轶事——物权法通过后，某次中国政法大学法律硕士复试，民法里放入了一道题目，说：《物权法》第 46 条规定，"矿藏、水流、海域属于国家所有"。请问，如果我家住在小河边，天天从河里取水，是否侵害了国家对水流的所有权？

应该承认，出这道题目的，一定是个俏皮的高手。而经纬兄也是高人，在整篇文章中娓娓道来，最后才引出这件逸事加以点题，最终却又不给出参考答案，只留给读者一处空白，以便自由遐想。这，也便是"文人画"的效果吧。

掩卷之余，我便跳出了"国有财产情结"的话题，遐想了一番。为

---

* 本文原为个人博客上的文章，亦兼具学案性质，试图展现将苏格拉底教学法应用于中国法问题的一个典型情境。原文曾载于《法学家茶座》第 23 辑（2008 年），其中的一部分，曾于此之前单独成文发表于个人博客，并以《物权法里的河水：菊花想不通》为题，被收录于《2008 中国最佳杂文》（王乾荣主编，辽宁人民出版社 2009 年版）第 125 页以下。

了好玩，我随之便将这则考题改编成为一则手机短信，发给几个朋友（内中包括国内一些相当活跃的法理学"大腕"），以寻求答案。因为苏力教授曾写过"秋菊的困惑"之类的名作，为此我在这个短信中还借用了他的大名（但没发短信给他），不为别的，只为了吸引朋友们的眼球，也顺便提高一些法学问题的知性趣味（说透了也是为了好玩）。短信内曰：

> 苏力教授还没解答的一个问题：秋菊的女儿菊花，嫁到一家农户，他们家住小河边，祖祖辈辈在河里汲水过日子。某夜，好色的村长趁菊花男人进城务工，来到菊花家里，阴阳怪气地对她说：现在国家制定了一部叫作《物权法》的法律，规定海水河水都是国家的，你家今后要在河里打水，那就是偷国家的财产了，不过，如果我私下睁一只眼闭一只眼，也就可以了，嘿嘿。对此，菊花想不通，要讨个说法。请问，该如何说？

这故事自然是虚构的，即使"村长"的称谓本身，在严格的意义上，现在也应叫作"村主任"，只是老百姓以及传媒仍按民国以来的传统称之为"村长"，所以在此沿用而已。不过，因为故事是虚构的，我就特意把村长想象得有点坏，虽说这一人物没有具体模型，但只凭"权力性恶论"式的宪政理念，我们也是可以推断构设的，何况现实中也听过当下中国的村长管着几个自然村很牛的事，还有一则说村长"骑着摩托挎着枪，村村都有丈母娘"之类的打油诗。只是这坏坏的村长，却可以在我们的想象中给我们出了一道法学的难题，并透过秋菊的女儿菊花，寻求我们的解答。

稍微有点严峻的是，这个难题可以说是涉及了法理学的一道难题，因为不唯民法学，即使宪法学也会遭遇这样的问题——殊不知，作为《物权法》的上位法，我国现行《宪法》在其第 9 条中就同样规定：矿藏、水流、森林、山岭、草原、荒地、滩涂等自然资源，都属于国家所有，即全民所有。现在《物权法》也规定了，你菊花一家能随便用的吗？如可，那在法律上道理何在呢？对此，宪法学、民法学该有个让菊花和村长满意的"说法"，如果部门法学有困难，最终还应可提交给法理学，寻求它在规范原理上加以解答。

曾几何时，法学的叙述在中国总是充斥着浮滑的空论，尤其是涉及公共性问题的话语，便是如此。现在高谈"规范法学"的人多了，大有成为一种"气候"之势，令人钦瞩。但一旦遭遇这位"好色"的村长，我们是否也会成为迷惑不解的菊花呢？

反正，鄙人重复发出去的那些短信，迄今未见回复。倒是将此事在博客上发表之后，竟然受到了关注，"引出了一些动静"（借用苏力语），很多普通的博友参与了对这一问题的讨论，使鄙人直返顽童本性，好生得意一把！

为了困惑的辩诘

讨论过程的白热化程度，令人印象深刻。曾经诗人、Yuting 和山里人等诸君专门发表博文，以参加讨论，尤其是"曾经诗人"君，在一天之内曾连续写出两篇专题博文，其认真对待"菊花疑问"的态度，实在值得嘉许。其他许多博友虽然只是通过评论形式参与讨论，但字里行间也均流露出了对学术的虔诚与敬畏，以及富有知性追求的精神。鄙人发现，"天涯月明"君就是这样一位有代表性的博友。

当然，也有博友采取了"釜底抽薪"的老辣手法，直斥这个问题是一种"伪命题""伪假设"，或者认为"法律不理会琐碎之事。只要不截流改道，这样的事根本就不成为问题"。这种敢言的精神，也令人颇为开心。而且鄙人还发现，即使断言这是一个伪命题的博友，也反复流连于鄙人的博客之上，并多次发言，力图尝试对"菊花疑问"给出合理的解答。这种看似自相矛盾的表现，同样充满了知性的追求，同样是可爱的。

通过博友们的热烈讨论，吾人最终虽然尚未得到一个在鄙人看来是颇为完满的答案，但对于这个问题的学理理解，也已经获得了不少的"真理的颗粒"，有些博友甚至已经接近或进入了合理答案的部分范畴。但值得关注的是，许多博友的观点也引出了一些新的问题，足以看成是这个"菊花疑问"所衍生的新的疑问，乃至使我们大有"疑团重重"的况味。

有鉴于此，以下鄙人不揣冒昧，整理出其间所出现的七种具有代表性的见解，再以苏格拉底诘问法，对其分别加以辩诘。但由于此问题同时涉及宪法学、民法学、行政法学以及法理学等学科领域的知识，大大地超出了鄙人自身的问学领域，在此仅做"抛砖"之举，还望诸君批评。

一、"伪问题"说的问题

有博友认为："这类问题对教学有益，游戏有利于学习，对于学术，则应该属于伪问题。"

梵辩诘曰：

教学与学术是否在追求真理的意义上截然不同，本身就是一个值得深思的问题。虽然"菊花疑问"的问题之提起，源于来自教学机关的教师，并具有博文特有的嬉戏性，但它转换自一个严肃的问题，其学理上的最佳答案总是存在的。断言这是"伪问题"的这博友本身，就多日流连于讨论场景，并多次试从"人的天然权利""生存权"等角度加以回答，在此姑且不论其观点是否切入得力，本身不就说明了这是一个学术上可以探究的、存在有解之可能的问题吗？

另外，将此称之为"伪问题"的博友，有可能将学术上所言的"伪问题"，单纯地理解为"虚构的问题"。这个理解本身是有偏差的。而且，即使在现实中，这个问题也是具有实在性的，即它是可能在现实个案中出现的。数年前，浙江省温州即发生"楠溪江承包案"——某县农业局将著名的楠溪江全流域 12 年的渔业经营权让给四位商人承包，其间发生了许多纠纷。鄙人未得了解该案详情，但试想，如果当时政府在承包合同中同意让承包方全面管理该河川的全部流域，包括可禁止江边居民到江里取用生活用水，那么，类似的问题不就发生了吗？

再者，"伪问题""伪命题"之类的概念，在当下中国学术争论中虽频频出现，但已颇有滥用之嫌，其内涵也从未得到澄清，以致成为今人对待思考的一种有害的暴力武器——一旦你搞不清某个问题，或要刻意取消某个问题，又或企图迫使人们停止思考、退出讨论、甘拜下风，便随意向那个问题投掷一种"手雷"，将那个问题本身炸烂。这种"手雷"的牌子，就叫作"伪问题"吧。

二、另一种"国有财产情结"：不适厌嫌

在讨论中，"夜空下的绿叶"君坦言自己"比较认同柳经纬教授的看法，立法者的国有情结似乎提严重了"；甚至断言"其实正如梁彗星教授所言，国家就不应该规定水流归国家所有"。

梵辩诘曰：

柳经纬教授在《我家住在小河边》一文中所言的"国有财产情结"，固然存在于当今国人之中，尤其显见于立法者的主观心理之间。但吾人不能忽视，这只是当今国人对待"社会主义公有制"的一种情结而已。其实，陋见以为，当今国人对社会主义公有制的心理是颇为矛盾的：同样是对国有财产，还有另一种完全与之相反情结，实可谓"不适厌嫌"情结。这种情结，恰恰尤可见诸于已然熟悉或习惯了西方私权保护法理论体系的民法学人之间。

鄙人对私权保护法理论体系并不排斥，但我们也应该看到：社会主义公有制的存在，乃是一种在极大程度上超越了法学意义的巨大现实，公法条款进入私法领域也是如此。面对这种巨大现实，不管我们法律人持何种情结，单纯凭借法学以及法学研究自身的社会政治功能，均无法完全可以拒绝或者消除，因为法律人虽然有责任也有能力影响立法，但终究不可能等同于现实中的立法者，也不能代表观念中的立法者——人民。而从法教义学的立场而言，法律人恰恰是只能或是应该将"公有制"纳入法的理论框架，加以概念化，并建构开展性的自洽体系。这将是当今中国法学的要务之一。

反之，如果我们法律人仅仅基于某种"不适厌嫌"情结，或鉴于既有的理论体系解决某个具体问题的局限性，就索性拒绝解决该当问

题,那么,这将背离我们自身的使命。

三、丢失了法解释学的简单比喻

"夜空下的绿叶"君还进一步反问"黄河泛滥,不知国家会流失多少国有资产",而"南国的宪政朝圣者"君更将此问题加以系统化,指出如下两点:

1. 既然水流属于国家的,那么雅鲁藏布江、黑龙江等大江大河日夜奔腾到国外,请问,这是不是国有资产流失? 国家要对此负责吗?

2. 既然河流属于国家的自然资源,如果洪水泛滥,冲垮了老百姓的房屋,甚至淹死了人,请问所有权人——国家是否要承担民事责任?

梵辩诘曰:

不得不说,提出这些反问,是很有天分的,但只是动用了某种文学天分,而非法学天分,因为它几乎运用了文学上的比喻(据说,现实中许多被控导致国家资产流失的官员,就曾喜欢引用这个比喻),却恰恰可能丢失了法学的看家本领——法解释学。

从法解释学的立场而言,现行《宪法》第 9 条以及《物权法》第 46 条中所规定的"矿藏、水流……自然资源"中的"水流",即使从规范性语句的文字脉络中解读,也可解释为:其乃指的是作为一种具有自然资源之性质以及值得加以保护之价值的"水流"。这种合理的解释命题,也已经体现在现行《中华人民共和国水法》之中了,其所采用的专门法律术语就是"水资源",并在第 3 条中规定"水资源属于国家所有。水资源的所有权由国务院代表国家行使"。

而在"洪水泛滥、冲垮了老百姓的房屋"的情形中,该水流则具有自然灾害(在法律上称之为"水害")的性质,为此不在国家所有的"水流"之列,加之如果属于不可抗力的原因,国家对其造成的后果自然不承担民事责任,但基于自身作为国家的公法地位,需承担防治水害、保护人民的公法义务。对此,上述我国《水法》中也有相关规定。

水流的流动也可形成水力资源,此状态中的水流当然也属于宪法及物权法上的水流,乃归国家所有,且从所有权者的意义上而言,具有"开发、利用"的权利;而从公法角度而言,亦负有开发利用、以保障公共利益的义务。至于在充分开发利用之后,水流最终仍"奔腾"到海,但因为根据法律规定,"海域"仍属于国家所有(如《物权法》第46条),在现实中仍可加以开发利用,为此未必完全可谓"国有资产的流失"。纵然此中有部分流失(如注入公海或他国海域),那也属于具有不可抗力的自然现象,诚所谓"青山遮不住,毕竟东流去"也,国家无须负有责任。

四、拂拭不去的政治幻想

有博友曰:"国家所有就是全民所有。那么我是人民的一员,自然可以享用。"灿君博友更是呐喊:"国家的就是人民的!人民的就是个人的!得证!""Yuting"君在撰文中作出了认真的分析,也提出类似的"全民所有"是一种特殊类型的"共同共有"之观点。

另有博友"piscesmm"君则指出:"俺们是取水了,可是俺们没白取,俺们纳税了,自由依赖于税!"

梵辩诘曰:

除了"Yuting"君之外,这批博友的论述与见解,似乎多少具有空泛、浮滑之嫌,而即使像"Yuting"君那样进入了规范意义上的探讨,也同样没能在规范意义上作出有力论证。试想:中国人民银行里的钱也是国家的,但个人总不能像在河边汲水那样取而用之。而如果以纳税义务的履行去直接作为享有取水权利的依据,那么也会面临这样的问题:根据大部分国家的税法制度,有些人多纳税,有些人可少纳税,有些人甚至不纳税,法律能据此来配置人们的权利吗?

在这类见解的基础中,还可能存在了一种拂拭不去的政治幻想,因此采用了政治学式的论证理路。在鄙人看来,此乃法学之一大忌矣!当然,对此类观点,吾人也不能加以嗤笑,这是因为当今我们国家还尚处在"法治国家"的发展途中,为此,政治学式的论证理路也比较容易成为许多国人对"菊花疑问"之类的问题所可能持有的一种最具有惯性的思考进路。据柳经纬教授《我家住在小河边》一文言,当时中政大法硕复试中,不少考生也就曾作类似的回答。我们甚至可以推断,在现行《物权法》中引入大量的公法性条款,且仍未在民法学的框架内得到"消化"的当下,即使在民法学界,许多学者的认识也同样有可能处于类似的蒙昧状态。

五、国有财产"无排他性"说必然面临的诘问

许多博友试图从国有财产的"非排他性"角度加以论证。其中具有代表性的,有朱祖飞律师的观点(当然,据他表明,这是我国民法学界新秀徐涤宇教授的观点)。这种观点认为:宪法所有权不具有私法所有权的排他性,它关键一点是排除私人作为如"水流"的所有权主体,所以并不必然排斥民法主体的使用权。

类似的观点还来自"zyf"君等博友。"zyf"君即指出:国家所有权的设定仅仅具有形式上的意义，换句话说，国家没有直接占有。而"Yuting"君则通过规范性分析，提出了如下见解：像菊花这样的日常家用取水，与国家之间形成了"共同共有人"之间的意思默示同意。

梵辩诘曰：

这批博友的论述，显然具有法学思维的三昧，但在规范意义上仍有重大存疑，有待于在学术上进一步深入研究。

比如，如果《物权法》中所引入的那些涉及公有制的条款，即使有别于私法上私有财产权的保护规范，注定永远无法融入私权保护规范的法理体系，而且国家所有权果真像"zyf"君所言的那样仅仅具有"形式意义"，或者像朱律师所言，它与一般的私人所有权不同，"不具有私法所有权的排他性"，表现在"并不必然排斥民法主体的使用权"，那么，回到"水流"的主题，为什么我国现行《水法》第48条中明确规定"直接从江河、湖泊或者地下取用水资源的单位和个人，应当按照国家取水许可制度和水资源有偿使用制度的规定，向水行政主管部门或者流域管理机构申请领取取水许可证，并缴纳水资源费，取得取水权"？

质言之，国家取水许可制度和水资源有偿使用制度，对国有财产"无排他性"的推论可能构成了一个重要的诘问，而至于"Yuting"君的"共同共有人意思默示同意"说，不仅也面临类似的诘问，而且显然更具有臆想的性质。

六、关于水流与城市道路之间的类比

"放羊人"君引出了"公共财"的概念，将水流道路均纳入这个范畴，认为它们是法律让全体人民共同使用、消费的财产，因此"没有排他性"。对此，"曾经诗人"君也表示呼应。

梵辩诘曰：

这个类比具有一定法理依据。但首先应该指出的是，"公共财"的说法不是法学上的概念，而属于经济学、政治学等学科中的用语。法学当然也可以借鉴其他学科的术语，但在法学的概念体系中，已有了"公物"的概念。根据大陆法国家的分类，公物主要可分为"公用物"与"公共用物"两种，前者指像公共机关的建筑物、国家公立大学的校舍等用于公共机关自己使用的物，而后者则确实指的是像道路、河流这样可以直接提供给公众共同使用的有体物，其中，道路、公园等属于人工公物，而河流、海滩等则叫"自然公物"。

令人诧异的是，我国虽然属于一个存在"社会主义公有制"的国家，但迄今为止，公物法、公共财产法这些领域，却仍然是公法学中极不发达的领域，为此许多问题也尚有待于吾人深入研究和具体解答。比如，"放羊人"君将水流与城市道路加以类比，认为法律让人民可以共同使用，但这仍需要回答一个学理问题，即那么为何我国仍存在国家取水许可制度和水资源有偿使用制度？

七、有人摸到了合理答案的鼻子

"天涯月明"君提出了习惯权利的概念，继之，"afei"君、"山里人"君还引用了马克思在《关于林木盗窃法的辩论》中的论述，认为菊花在河里取水，犹如捡枯枝、采野果、拾麦穗一样，是人们的传统的习惯权利。如上所述，有博友也从"人的天然权利"、生存权或"自然权利"的角度加以论证。

在讨论了近一天之后，有人终于引用了《水法》第48条的规定加以说明。其中，"骆驼"君的分析颇具有规范意义上的说服力。他指出：

第一，我国《水法》第48条规定："直接从江河、湖泊或者地下取用水资源的单位和个人，应当按照国家取水许可制度和水资源有偿使用制度的规定，向水行政主管部门或者流域管理机构申请领取取水许可证，并缴纳水资源费，取得取水权。但是，家庭生活和零星散养、圈养畜禽饮用等少量取水的除外。"

第二，传统行政法理论亦不乏理论支撑。可以提及的是德国的公物理论(Öffentliche Sachen)。公物即是国家或公共所有之物。其使用原则之一即为"依赖利用原则"，说的是：如果某公物已经成为利用者的生活支柱，即对它的利用已经形成了一种依赖关系，那么，此种状态则应从宪法上予以保护。

梵辩诘曰：

首先应该指出，有关"天然权利"和"生存权"角度的辩说，略嫌空泛。"天然权利"，一般言"自然权利"，但纵是自然权利，其行使也有自身界限，不能侵犯其他主体的权利，包括民事上的权利；而生存权则有特定内涵，不太适合沿用于此。而援引马克思理论，提出"习惯权利"的论证，是具有一定说服力的，只是将菊花在河里取水过日子的权利，与当年马克思所为之辩护的捡枯枝、采野果等权利等同视之，则存在一些学理上的问题。

我们知道，在现代典型的私法制度下，马克思的这种理论当然无法占据主流地位(即使在19世纪中叶马克思当年也是如此)。日本虽然专门有一个"入会权"的概念与理论，说明特定的人具有在他人所有的山林里捡枯枝、采野果的权利，但它也被看作是现代民法上的极为"另类"的一种习惯性权利，其特征是对他人所有的山林、原野的共同收益，与我们所讨论的取水使用的性质不同。而且因为入会权的保障与现代所有权制度不合，所以其在日本总体上也已在走向式微。更何况，水流在我国已被设定为公物，与捡枯枝、采野果、拾麦穗的情形有所不同。

与此不同，引用现行《水法》第48条的规定来破解"菊花疑问"，则确实最为直接有力。仅凭这一点，就可教给菊花，以对付那位村长了。

当然，"骆驼"君在表述上也可更为精致，比如说：我国《物权法》虽然规定水流属于国家所有，《水法》第48条也规定"直接从江河、湖泊或者地下取用水资源的单位和个人，应当按照国家取水许可制度和水资源有偿使用制度的规定，向水行政主管部门或者流域管理机构申请领取取水许可证，并缴纳水资源费，取得取水权"，但《水法》中的这个规定还有一个但书，明确规定"家庭生活和零星散养、圈养畜禽饮用等少量取水的除外。"而国务院1993年的《取水许可制度实施办法》第3条同样也有具体规定。

我们可以单纯地推断：那好色的村长一听到这个说法，就委顿了下去，支吾了几句，便沮丧地离开菊花家的小屋，趁着夜色的掩护，沿着河边溜走了。

但如果那位村长既是好色之徒，也是一个好学之人，或者他有一位律师朋友，或他的儿子就是法科的大二学生，他们都粗通一些法理知识，或偶尔还读到了凯尔森的法律位阶理论，那么，菊花就可能仍然无法走出险境了,而且反而平添了一个疑问,而且属于违宪说意义上的抗辩理由,那就是:既然《宪法》第9条都明确规定水流属于国家所有,对此《物权法》第46条也有蹈袭,那么,作为宪法的下位法的《水法》(全国人大常委会制定)凭什么规定了那个但书,而《取水许可制度实施办法》(国务院制定)也是凭什么作出了类似的规定?它们不是都抵触了《物权法》乃至《宪法》,因此是无效的吗?

这就得从法理学的角度加以解答了。

但在笔者看来,其所需依赖的,并非苏力教授在有关《秋菊打官司》一文中所代表的那种法社会学的分析,而是法理学上规范性分析,哪怕只需从这个角度一语道破也行——这也便是我曾经刻意借用苏力教授的大名,在那则手机短信中称之为“苏力教授还没解答的一个问题”的本意之一。

而且,还需留意的是:苏力所曾津津乐道的那个“秋菊的困惑”,只是产生于传统中国乡村社会的背景之中的,而这个背景不可能是当今中国人永远注定也“走不出的背景”。我所“看到”的秋菊的女儿——即家住河边、身处可能更具有流动性、开放性人际关系中的菊花,还有她进城务工迟早还要带回“城里的故事”的老公,以及纠缠她的村长,都可以说就已经在一定程度上走出了这种“背景”了。为此,他们不可能永久地被笼罩在传统乡村秩序方式之下;反之,而须开始面对新的秩序模式及其观念,其中就包括本文所讨论的法律问题。也就是说,当年秋菊的“困惑”,在她女儿菊花这里,已经全面“升级”了。

代结语：村长发笑了吗？

当然，法律的观念世界是极其繁杂的，如果直接回到现实中来按照情理估摸，我们则已无可否认：菊花完全可以在河边取水生活，但问题就在于，如今必须从法律的角度，给个合理的、扎扎实实的"说法"，以对抗村长的"忽悠"。因为菊花的处境可能与她妈秋菊不同，因为菊花的男人进城务工了，因为国家制定了《物权法》，而村长也懂得引用"国家法"作为自己的强势后盾。质言之，当"困惑"仍然存在的语境下，我们不得不喟叹：中国现行的法律制度，似乎倒是有利于村长的法律制度，而恰恰无法给菊花提供一个合理的"说法"。这兴许就是当下中国法律及其理论的现实语境。

当然，通过讨论，我们也为菊花的利益得出了初步的结论。但是基于以上的辩诘，鄙人还是认为：大家讨论了这么久，充其量只是为菊花提供了第一层次的解答，即实定法层面上的解答，却还没有获致完满的、无可辩驳的答案。而要给出一个较为完满的答案，其实并不困难。只是至此，由于规范法学自身在当今中国仍非常薄弱，致使这个简单的"秋菊女儿的困惑"，几乎都要成为法学领域里的一个"哥德巴赫猜想"了。

西哲有言：人类一发言，上帝就发笑。月黑风高之时摸到菊花家中的中国村长，与上帝的存在本有着云泥之别，但却同样处于人类自身的构想之中。既如此，我们也可追问，我们的讨论是否导致这样一种结局："法律人一发言，村长就发笑？"

法律人的情人

很多人以为法律人与浪漫无缘，殊不知在当今中国的法律界里，有人却考证出了一个典故，断定西方的情人节，就典出古罗马的一个叫瓦伦丁的死囚，因蒙冤受难，在 2 月 14 日这一天被处死之前，给典狱长的女儿写了一封情书，后世即将此日定为情人节，云云。

呵呵，如果此说是真的，那么法律跟情人节的关系反而就值得斟酌了：要知道，那位苦命人又不是给法律或法律人写信，而是给一个法律人的女儿写信的，而那女孩的父亲虽然是一个法律人，但毕竟乃属于必须将那个"情种"置于死地的法律机器的执掌者之一呢。换句话说，倘若法律人跟情人节的关系，果真是起源于一个死囚跟典狱长女儿的浪漫故事，那么，以典狱长为象征意象的"法律"，就恰恰对不起"有情人"了。

当然，与此相反，在咱们中国历史上，倒是也有"情人"对不起法律人的典故。

屈原，便是这种典故中的一个主角。史载，他最初得楚怀王的宠信，任左徒，职责之一就是起草法令，算是一个法律人。但有一次他所起草的宪令文辞华美，条理严谨，上官大夫靳尚称羡不已，就想掠人之美，以向怀王邀功，遭到屈子拒绝，为此嫉恨在心，最终乃将其置于死地。而靳尚陷害屈原时，则得到了一位美女的相助，此人即为怀王的妃子郑袖，也就是唐代骆宾王在《讨武曌文》中写到"掩袖工馋，蛾眉偏能惑主"的那位美人。但令人浩叹的是：有史家称，这位郑袖恰恰就是屈原的心上人，《九歌》中的《湘夫人》，即可能是抒发了对郑袖的爱恋，甚至有学者推断，屈原被贬的潜因，就是因为有人中伤他与郑袖有私情所致的，但一般认为，实为靳尚等佞臣与郑袖狼狈为奸，向楚王进谗的结果。总之，无论如何，屈原这位古代中国的高级法律人，最后之所以落到"葬于江鱼之腹中"的结局，他的"心上人"脱不了干系。

但从以上中外的两个典故来看，法律人与情人之间的关系都是相克的，要么是法律人有愧于有情人，要么是法律人为"心上人"所负。

回到当今中国现实，由于我们尚处法治社会建设的初级阶段，法律人中年轻人甚众，而每当情人节来临之际，年轻人如果要问出我们法律人应该怎样过情人节这样的浪漫话题来，该如何作答呢？

窃以为：明快地说，该怎样过就怎样过，譬如送一束藏了小纸片的、巧克力制成的玫瑰花，或相约在烛光晚会里一起享用配有餐前法国蜗牛和餐后意大利咖啡的西冷牛排。如果觉得这一切皆已老套，那么，还可以选择把自己吊在一个粉红色的大气球之下从天而降，徐徐降落到心上人的窗口，胸前突然展开一个条幅，上面写的是"某某宝贝，我爱你！"

是的，法律人完全可以这样"俗"，俗到普通人怎样过情人节，法律人也就怎样过情人节的境界,因为法律知识本身就是一门世俗的技艺,我们在感情生活中没有特权。

但作为法律人,尤其是作为没有世俗意义上的情人的法律人,窃以为还有一种过情人节的方式,颇为独特,那就是用最深情的声音,朗读美国历史上伟大的大法官霍姆斯于 1885 年在萨福克律师协会餐会上的演讲——《法律,我们的情人》中的著名片段。

在这篇著名的演讲词中,霍姆斯把人世间的法律直接比喻为一位令人"着迷"的情人,为此完全消解上面那两个中外故事当中法律人与情人之间的相克宿命。在他看来,法律是"一位比曾在贝叶(Bayeux)织毯的女人更为神通广大的公主",以致他激昂地说道:"涌入我头脑中的唯一想法,心中充满的唯一情感,我能讲出的唯一话语,是一首献给我们的情人——法律——的颂歌!"

我觉得,这一颂歌,也适合于通过我们习惯了呐喊的声带,在情人节里献给法律。

当然,作为中国的法律人,我们也深知道,当下中国现实中的法律,还很难谈得上是一位"高贵的公主",相反,她完全有可能被判断为是侍奉权力的婢女;她本身也没有霍姆斯所说的什么"圣洁美好的形象",反而带有许多显而易见的缺陷——比如,条文粗糙简单,又没有辅之以适当的判例制度,这就等于这位女子颇为粗鄙,毫无美女的标致细腻可言;整个法律框架中行政法规、行政规章、地方性法规居多,这就相当于这位女子头轻脚重、浑身赘肉;法律体系内部矛盾重重,各种体现了不同地方、不同部门利益的不合理因素比比皆是,但又缺少自我清理、自我正当化的违宪审查制度,这就无异于这位女子内分泌失调，却又失去了排毒功能，以致气色萎黄、蓬头垢面。如此女子，简直乏善可陈，让我们"要说爱你不容易"了。

尽管如此，鄙人仍然认为：在情人节到来之际，如果你是犹存一份浪漫情怀的法律人，那么，深情地朗读霍姆斯这份致法律的情书，亦不可谓唐突或无状。之所以这样说，理由可要言如下：

纵然是面对当前法律这位"丑女"，我等也不要完全绝望，而要坚信"丑小鸭"也是有可能变成"白天鹅"的道理，坚信倘若我们真的崇尚对法律的爱情，即真的推行法治，不断推动法制的完善，我们完全有可能把眼下的这位丑女调理、调教成为一位楚楚动人的美女。更为重要的是，为了实现这一点，我们还要坚信，人世间总有一种理想的法律，犹如人世间总有美女那样，值得吾人深爱乃至着迷。

话说当年的霍姆斯，他也是在这种意义上来讴歌法律这位"情人"的——

倘若我们想将法律当作我们的情人，那么在座的诸君都知道——我们只能用执着的和孤寂的激情来将她追求，只有像对待神祇那样倾尽全部所能，才能赢得她的芳心。而那些已经开始了追求却没有着迷的、半途而废的人们，要么是因为他们无缘一睹她圣洁美丽的容姿，要么是因为他们缺乏为如此伟大的追求而竭力付出的诚心！

法律与私奔 *

　　国庆假期将至。从今天下午开始，就可以看到杭城街上的男男女女都像私奔一样：他们如释重负，却又行色匆匆；既带着一种亢奋，又暗含几分窃喜。他们根本不顾及"国庆节"的政治原意，熙熙攘攘地逃离这个美丽的城市，以便腾出整个城市的一大部分，让给另一批从其他城市逃离过来的人们，熙熙攘攘地进占进去。

　　这简直是大规模的"私奔"。

　　山妹（化名），恰巧就在几天前出走了。她离开了两个家：一个是她这几年跟她老公一起来到这个陌生的城市打工所临时安置的家，另一个则是她做家政的一个教授的家。如今，这世道真的变了，并非每一个女人的出走，都说得上属于"娜拉出走"。山妹的出走可能就是如此——据说她是跟一个出租车司机一起离开这个城市的。

　　也就是说，这可能是真的私奔。

　　真的私奔，敢于面对惨淡的人生——如果属实，这就意味着山妹不仅可能抛弃了教授家的那串钥匙，也有可能抛弃了她的老公，甚至

　　＊　这是笔者数年前在 2007 年国庆节前一天的 9 月 30 日所写的一篇博文。现有大幅度修订。

抛弃了远在老家的孩子；更重要的是，还可能抛弃了她与她老公的那个有着严格的传统伦理秩序的山区老家的整个家族。

不知道通过"送法下乡"之类理论，法律如今是否已经被顺利送到了山妹的老家，反正山妹的老公这几天一直处在暴怒之中。他多次给教授家里打电话，焦躁地询问各种情况，还说出一些不得要领的话来。当教授劝他要冷静，要用法律处理问题时，男人发火了，一改平常对教授所保持的敬意，用浓重的鼻音抛出一句话，然后狠狠地撂下了电话。那句话是：你讲你的法律去！

教授没有叹息。他虽然认为自己乃属于一位"往返于书斋与学堂、出没于现实与理想"之间的书生，但尚不是那种传统的书呆子，也不是那种动不动就为礼崩乐坏的个案顿足捶胸的人，而是懂得理解一般法律所不能救济的人的尊严和情感，理解电话那端的男人这时最可能想做的事情是什么，甚至理解当他要痛快地做出那类事情之时，需要的也是狠狠地抛弃一种东西，那就是法律——不，何止是抛弃，简直就是鄙弃。所以教授推测：如果这个男人的那句不是在很克制的方式下表达出来的话，其实可以更为直接地表达为：去你的法律！教授还推测到：山妹和那位男人在作出一起私奔的决断之前，保不定也考虑到法律（比如婚姻法）的内容、责任和后果等，但最终还是蹦出一句：去你的法律！

跳出这个私奔的个案，教授进一步揣度：其实当今许多国人，都有类似这样的心里话，只不过未能痛快淋漓地说出来而已。

记得不久前有一次应某地政法委的邀请，去给一批"副处级以上"的"司法机关干部"作了一次有关"转变司法理念"的讲座，其中讲到不可采用刑讯逼供,至少也要重视一下沉默权的理念,这时,不知为何,静听了将近一个多小时的会场里,突然出现了一大片窃窃私语的情景。

中午,教授被安排在食堂里吃了便饭,他就座的饭桌上来了几个听讲座的干部,其中有一个颇有姿色的女干部,对他说:教授啊,您所说的理念是很美好的,但在现实中可能不适合啊。教授谦称自己只是"书生谈议",但何以这样断言,愿闻其详。那女干部尚未开口,另一位干部就热心地举出了一个案例:不久前,当地一个派出所逮了一个怀疑是小偷的人,但因为此前佘祥林案件爆出来了,那人似乎就知道公安拿他没办法,横直硬是不招,最后派出所就面临了不得不放人的结果,可是所长又觉得就这样放人反而不好,主要是"有损公安权威",便示意下面的人看管松些,故意设一个破绽,让那人自己私自逃脱了。说完之后,这位干部对教授说:"这就是我们中国的现实啊!不采取些必要的硬性手段行吗?"其他人无不附和。

教授听了之后笑了,想质问道:现在科技手段这么发达,法律对隐私权保障又很不充分,难道你们这里的公安人员除了动用所谓的"硬性手段",平时就没有训练和掌握了一套合法正当的专业侦查手段吗?是否长期过于依赖"硬性手段",反而怠于掌握后者呢?

这时,一位貌似干练、形颇剽悍的年轻男干部来到这桌上,那颇有姿色的女干部就给介绍说:"这是我们某县公安局的某某局长,有点匪气是吧?呵呵,他们都是需要一些匪气才能震得住一个地方的呢!"说完,温柔地瞟了局长一下,眼神里有一种成熟男女之间才可意会的内涵。

由于桌面上的情势变更,教授最终没有问成什么。但即使问了又如何？保不定他们会把教授的问题看成是"何不食肉糜"式的发问。为此,他只是暗自感慨:在那个所谓的典型案例中,私自逃脱法网的,何止只有那位具有偷窃嫌疑的人！他们都可能说:去你的法律！而其核心的本质,则是单凭个体性的私自决断,并以某种激越的方式,去根本突破现下有效秩序之约束的越轨行为。此无异于"私奔"也！

明天,就是国庆节,教授还得给一批法硕考前辅导班的学员上课,讲的就是山妹老公所鄙弃的法律。教授也深知道,今天下午街上的那些男男女女、山妹、山妹的老公、与山妹一起私奔的男人以及明天将要来到教授课堂上的那些学员,所有这些人以及更多的共和国的公民,都可能不约而同地在法律所固有的或并不固有的种种"漏洞"里,以各自选择的私人生活为目标,甚至以"私奔"或类似于"私奔"的形态,诠释并改变着这个节日的政治原意。

写到这里,教授几乎默祷道:山妹啊,你要保重啊！

最后,教授还通过手机短信的方式,给朋友们发送了一段节日问候词,上书:我家保姆山妹可能私奔了,特此通告,并祝你节日快乐！——像山妹一样快乐！或比山妹更快乐！

补记:

大致两周之后,山妹带着憔悴的神态,黯然地回到了杭城,并再度出现在教授的家里,准备继续工作。但教授一家基于各种考虑,委婉地辞退了她。

劝酒的意义 [*]

> 正因为当今国人失去了真诚的本色，
> 又得不到法治的庇护，所以才要付出自由
> 的代价。

—— 题记

新年又到了。新年使我发毛的理由颇多，其中之一就是不得不跟熟人朋友过量地饮酒，而昔日在日本跟异国朋友斗酒的雄风，在祖国怀抱里早已成为黯然神伤的追忆，不复存在了。如今每逢酒桌上"将进酒"，就只能勉力硬撑，最终往往败走麦城。

我同意饮酒是有"文化"意涵的，构成了所谓"酒文化"的一部分。但曾几何时，饮酒在当今我们中国人中间则演化出了崭新的内涵，发展出了高超的技艺。这从国人的劝酒行为中也可以窥之全豹，而从一些法律界人士的劝酒模式中，或许更能领略到了其中的三昧：其本质就是，充分巧妙地论证对方有必要不断"再喝一杯"的理由，类似

---

* 原为一篇博文，题为《劝酒的文化与艺术——以法律人为例》，载于《法学家茶座》第 11 辑（2006 年），现有订正。

于通过充分巧妙的法律论证，对某个"当下个案"作出正当的裁判。

典型的情形是这样的：

大家甫坐定，坐在主位上的人就先斟满一杯站了起来，带着满脸的真诚说今天我们大家聚聚，恰好有幸请来了某某某某，我先干为敬。于是大家一起吆喝了一下，均仰起脖子，先喝了第一杯。

这时大家开始动筷了，但没过多久，就可能开始相互分别敬酒了。而所谓敬酒，其实也就是劝酒了。

比如，最俗套的方式是有人提杯来到你身边，说一番久仰大名如雷贯耳之类的话，给你敬酒。你也立着说不敢当不敢当我是一介书生不胜酒力我们随意等等，但他说这不行这不行，我们是难得聚在一起，今晚好好叙叙，看得起就给个面子。话说到这分上，其他人再一帮腔，这就不由得你不一饮而尽了。

刚坐下不久，又有一个人从桌边立了起来，说了一番大致类似的话来，因为你刚才跟前面一位喝了，所以你只得也跟他喝，否则就有公然施以"不平等待遇"之嫌了。接着是全桌的人一一如法炮制，向你敬了一轮。由于跟第一位碰杯时就已经确立了满杯饮尽的先例，这一轮你都得如此，偶然想说我酒量不行，能否少喝一点表示意思啊，这时必然全桌哄起，说那怎么行，教授你不给人家面子可不好啊！

这一轮下来，我往往已经是勉为其力了。但中国人讲究礼尚往来，有来无往非礼也，于是痛定思痛，我也得一个一个地回敬一轮过去。其要害之处在于，你也得满杯，否则就有人叫嚷道：啊那怎么行！敬酒的满杯，被敬的随意嘛！这是规矩呀，不得打破！不得打破！听到这样的说法，你纵然满身是嘴，但这酒桌上的"习惯法"，你能不遵从吗？还是照着喝吧。

这两轮过去，据说在古代才叫作"一巡"。可见古书上说的"酒过三巡"的厉害。但古人的酒往往大多只是水酒，鲜有达到"三碗不过冈"的度数。现代的酒就不同了，而且酒桌上的吃客规模自然也大了，如果你的酒量没有什么功底，仅一巡下来就必定开始发晕。但甫经喘定，可能就有一个人在你不经意间举杯站了起来，高声说道：教授，我是某某大学毕业的，听说您是我们某某教授的朋友，他正是我当年的老师，我在这里代我老师敬您一杯，今后就叫您"师叔"了！这时，你得亲切地喝了。

过了会儿，可能又有一个人站起来说，教授，我看过你的一篇论文，叫《卧室里的宪法权利》，啊，那真是宏文啊，对我启发很大，真是佩服佩服！这杯酒就敬您！于是，你就得站起来，笑着说，那是一篇小文章，算不了什么宏文，请您多批评。但心里暗自想到：这人还是有点笔墨的吧，自古文人就讲"以文会友"，还是喝吧。于是，你又喝了。

突然又有一个口才较佳的人，指着席间的某一位女士朗声说道：教授，这位是我们的某某律师，是我们的"律政俏佳人"呢，人家是您的"粉丝"，想敬一杯，您不赏脸吗？在一片快意的暧昧的笑声中，那美人款款地举杯站立起来，纵是含笑不语，但满梨窝里都是笑意，只等你碰杯。作为一介书生，你能不喝吗？

就这样，在一波又一波的劝酒和碰杯的声浪之中，我们沦为酒精的临时通道，沦为面热耳酣的吃客，如果酒力不足，或一不小心，就可能一败"涂地"，斯文扫尽。而这一切却都在合情合理地运作之中，每喝一杯的理由，都被论证得振振有词、天衣无缝，你徒有招架之功就已经不错了，哪有还手之力！你正在晕乎乎之间顿然感到，自己居然还在大学课堂里慷慨激昂地指点江山，讲授什么法律论证理论，并且批评当下我国法官的判决书论证不力，或论证的分量不足，没有充分或按比例地完成"必要的论证负担"，眼下一到这法律人的酒桌之上，听听人家劝酒的论证技巧，你自己就几乎无言以对了，而你的那套远离人间烟火的理论更是黯然失色。

正在懊恼之中，突然有位仁兄略带微醺摇晃着站了起来，但却声情并茂地说道：教授，您是海龟派啊，留学日本呢，抗战八年呢，为我们中国人争气了，我佩服！这杯酒就敬您！如果您看得起我这土鳖，请赏个脸！

我最初一听这类话，心里大吃一惊：留学这样的经历，居然也成为劝酒的理由？但人家话说到那份上，你能不喝吗？你口才再好，嘴巴再油，最多也只能说：哪里哪里，海龟有什么了不起啊，我早已经"土鳖化"了啊。这时他们就会开心地大笑，但仍然不忘说：那反正我们都是土鳖，土鳖跟土鳖有什么计较的啊，喝一杯！就这样，为了那该死的留学经历，为了不至于被自己的同胞见弃，我豪情万丈地大喝一声：好！喝！俨然像是一位"真的猛士"，就一饮而尽了。就在有点失重地坐下来之时，恍惚之中感到自己真的实现了"返回法的形而下"，返回到了"土鳖"的应有本色之中，返回到了祖国的文化语境之中。

法律人劝酒的技艺如此发达，自然使人联想起我国当代司法制度的运作现状了。但看官一定注意：这喝酒的文化人类学意义实在很大,不容小觑。我是驽钝了一些,去年只好把"四十而不惑",借助国语在音韵上的"开放结构",顺势为自己解释为是"四十二不惑",但至此,还是看出了一些微妙的东西。

饮酒,是有"文化"的,而有"文化"就有文化的个别性。比如在西方国家,人们彼此之间都不会强逼他人这样喝酒,因为那可能触犯已经普遍化了的个人自主自由的社会规则。而在当下中国,这类观念则行不通了。在我们的文化中,长期习惯了各种对他人人格决定的强制,强制性的劝酒行为只是其中见怪不怪之一例,而且是热情的或温情脉脉的强制游戏而已。想到这一点,你就可能悟到:在酒桌上的人际交往之中,今人所言的"酒文化"已经发展出了特定的语用学意义,而且今人饮酒风气之盛,劝酒热情之烈,尤其是连葡萄酒都要拿来牛饮的气概,与我们中国古代文人骚客"斗酒诗百篇""对饮成三人"的豪情,或彼此之间"劝君更进一杯酒"的深情,也是不可同日而语的了。

这也就是说,喝酒的文化,已经不是喝酒本身的文化,而是有了延伸部分的意涵。想对此进行研究的人,大可运用现代语用学的理论来分析,我在这里初步感悟到的是:为什么当今中国人要如此喝酒,是因为我们仍然置身于一个从"熟人社会"向"陌生人社会"转型的过程之中,人们会不自觉地将熟人社会的规矩,引入陌生人社会之中,而且任何人似乎都怕被排除在这熟人社会之外,所以就得这样喝酒。而劝酒的理由论证,就是为了彼此确认进入熟人社会的个人身份,而通过喝酒再度进入"熟人社会"的机制,使"熟人社会"得以维持或扩大再生产。

那么，通过这样喝酒进入"熟人社会"的机制为什么重要呢？这则是因为任何的社会交往都需要起码限度的真诚，这本身也是我所理解的"交往理性"的一个构成要素，但我们中国人几乎很难对陌生人保持这种真诚，为此就需要喝酒，尤其是需要喝酒之后的真情流露，需要喝酒之后的放松放肆，甚至共同出丑也无妨，只有这样，方可建立一种平等主体之间的信赖关系。而这本是一个健全的市民社会也需要的信赖关系啊，只是因为我们既缺乏自然信赖的文化基础，又缺乏有效保障信赖利益的法律制度，所以就不得不依赖酒精，以重返真诚的本色，俾便重建人与人之间的信赖关系。而劝酒的意义，无非就是要将这种效果加以最大化。一言以蔽之：正因为当今国人失去了真诚的本色，又得不到法治的庇护，所以才要付出自由的代价。

这其实是比喝酒本身更加饶有趣味，比如从哈贝马斯的商谈理论上怎么说，就是一个值得继续追究下去的话题。

但我现在得走了。这不，毕竟新年快到了，今晚又得跟人喝酒去……

腐败散谈 *

当下中国权力腐败的方程式

数年前,曾收到一位不便公开姓名的"高人"发来的一则手机短信,竟冠有标题,称为"全国二奶大奖赛",一望便知是段子,但里面一组令人拍案惊奇的数据,却似乎言之凿凿。看了这数据,不得不惊叹。是的,高度多发性的官员腐败,本来已然让许多国人都麻木了,但这些数据所显示的腐败事实,以及作为其核心话题的贪腐官员的性魅力与性能力,还是达到了令人叹为观止的程度。就拿李庆普而言,居然记载了那么多的性爱日记,还制作了那么多份与性有关的实物标本,这不得不说也有一份一丝不苟的"求真精神",其"成果"的丰厚程度,也绝对超过了眼下一般的大学教授,但观其这等丑行,就可推知:这样的官员,平时怎么有可能把心思用在"党和人民的事业"上呢!

当然,另一方面,那些心甘情愿作为这些官员"二奶"的年轻女

---

* 本稿由多年来所写的数篇博文联缀而成,现有订正。本文第二节之始,于 2012 年 8 月陆续在《法制日报》刊出。

性,也自应受到物议。不过,吾人也不能一味单纯地苛责这些女性。记得曾读过一篇网络上的文章,说一个贪官的情妇就曾经坦言,她当初喜欢上现已落马的一个贪官,原本并非纯粹是因为金钱或者其他欲求所致,而是真的为他的一种所谓的"男人魅力"所打动:那种目空一切、颐指气使的气势,那种前呼后拥、沉着淡定的气度,那种"不动声色就能办下许多人梦寐以求一辈子也办不到的事情"的能耐,对于她这样的一个女人而言,简直具有难以抵御的魔力,就连其性欲与性能力也大大地超过了她年轻的丈夫——一位基层的公务员。然而,当最后东窗事发,这位市委书记被宣判之时,她却看到了昔日心目中无比强大的男人彻底崩溃了,竟"像一摊烂泥巴一样瘫在地上",令她感觉有些"厌恶"。

这个个案应该是颇有代表性的,也能说明了一个道理:贪官的性魅力与性能力,其实并非特殊的"物种"先天所固有的一种什么伟力,而是一种野性的、没有受到应有约束的公共权力直接撑起的一种力量。尼克松说过:权力就是一种性药。是的,没有受到应有约束的公共权力,更相当于性药中的"伟哥"。

写到这里,又想起几年前写到的一个"当下中国权力腐败的方程式",抄录在此,以作一叹:

> 当下中国许多贪官的有关采访记录或其落马后的狱中手记,居然反复验证了这样一种权力腐败的方程式:男人喜欢权力,女人喜欢有权力的男人,男女双方在性与性以及性与权力的双重野合中走向毁灭。这种权力腐败的方程式表明,未被现代

法律所控制的权力,往往更拥有一种蒙昧的野性,为此,在中国建立和完善权力的制约机制,就更具有无可辩驳的意义。

陋规与腐败

官员的腐败,在中国可谓源远流长、根深蒂固。那么这种腐败究竟是如何产生的呢?清代的"陋规",可视为一个历史性的注脚。

盖任何国家的政治架构——包括其官僚体制的确立,总要以某种政治理想作为正当化的依据,由此形成一种内在自治的观念秩序。这在古今中外皆然,尤其是理性化的国家,更是如此。而得益于中华文明的早熟化,古代中国政治国家就有理性化的特征,为此在此方面形成了一种过犹不及的倾向,即公共领域中所形成的这种政治理想,就像是喝了什么"补药"似的,一向特别高迈,基本上不从"权力性恶论"这样的冷眼视角出发,甚至无睹人性的基本弱点,也没有产生过亚里士多德曾经所提出过的几何意义上的分配正义之观念,而只懂得一味耽溺于农耕社会式的平均主义。在此方面最值得一提的便是:在明清之后,虽然尚未出现"官吏即公仆"这样的假想观念,但朝廷官员的公定收入也一直是颇低廉的,开国之初对官员贪腐的惩罚也是极为严厉的,然而最终还是无法克服官员的腐败。

那么,这一过程又是怎样发生的呢?

简单说,其大致如下:由于过于理想化的观念下所确立的政治制度,往往无法克服人性的弱点,甚至无法适应现实,为此在实际操作层面上,不得不被各种自然而然所形成的、在当今被称为"潜规则"

的东西给填补了进去。令人惊讶的是：这类"潜规则"之中的一些部分，因为具有现实的合理性，为此在有时甚至还会获得了公定化，即被纳入了正式的制度框架之中；但即便如此，这些被制度化了的游戏规则，照样还是留下了某种漏洞，以致弊害丛生。

在鄙人看来，中国历来的许多制度悲剧，大多就生发于类似这样一种反差结构之中——在观念上播下了龙种，却在现实中收到了跳蚤。腐败现象也不例外。清代的"陋规"就典型地说明了这一点。

据载，清代朝廷一品高官的每年正俸只有 180 两银子，而正七品县官的正俸则只有 45 两。但这样的收入十分微薄，故而后来又不得不设定了"养廉银"的制度。但这种"养廉银"制度还算不上现代所说的"高薪养廉"，因为当时州县官的"养廉银"按官职等级、任职地域的"肥瘦"虽有不同，但如果按照公定标准，每年也仅在数百两至一千多两之间，仍未算可观。之所以可以这样说，是因为上述的正俸与"养廉银"这两项正规收入相加在一起，往往还不够支付官员自己私人聘请的刑名钱谷幕友的薪酬——那时也叫"束修"。根据清代著名幕友汪辉祖在其《佐治药言》一书中的记载，仅是刑名、钱谷这两类师爷，一般各"月修百两"，"岁修千金"，更何况州县官为了办公，许多人还不止雇佣刑名、钱谷这两个幕友，部分的情形是"每缺须用幕友四五人"呢。

那么，为什么清代地方官员非要花大价钱聘请"幕友"不可呢？

说到底，这同样也是由于上述所说的那种政治理想与现实弊制之间所存在的背离现象引起的。盖中国古代政府机构的设置，据说实际上接受的是战国时代法家著作《商君书》中"明主治官不治民"的主张,为此历代下级官府的官员数量极少,不像今日这样,许多乡镇的干部就可能多达好几百号人呢。就拿清代来说吧。据《大清会典事例》统计,当时全国在编的州县官员共计 1448 人,佐杂胥吏共3046 人,按照郭建教授在 2004 年出版的《师爷当家》一书中所言,平均每一州县不过 2.1 人。但实际上由于地方官府的职责日趋加重,加之官员大多是科举出身,平生所学不外乎书经诗赋,基本不通刑名、钱谷之类的实学,为此要处理公务,就不得不私自掏钱,延聘一批尊称为"幕友"、俗称为"师爷"的人来"佐治"了,乃至形成"无幕不成衙"的定局。对此,朝廷也只好加以认准。

那么,既然地方官员的正规收入有限,最终为何还能高薪延聘得起幕友,还养活得了自己和家人呢?奥妙就在于当时官员还有一种额外的收入,而且往往是主要的收入,此即种种的"陋规"。

"火耗""羡余"就属于此类的陋规。"火耗"指的是征税时须把百姓上缴的小量或零碎的银块铸成一个个以 50 两为标准的银锭,为此会有些损耗,为了填补这些损耗,官员在征税之际,便预先向百姓加收一些银两,故称"火耗";而"羡余"则指的是征粮过程中也有仓储、运输等环节上的损耗,同理亦向百姓加收的那部分粮食。这"火耗"与"羡余"的加收,起初并无法定标准,而是按照各地衙门的"老规矩"确定(据研究,通常占正式税收的 5%～15% 不等),为此就称为"陋规",而其中的盈余部分,在清代起初,可由州县官公开收为己有,纳入私囊,朝廷后来也只好予以允准,于是,结果便可想而知了。康熙帝就曾乖巧地承认:"清官并非一文不取民间,否则无法应付开支。州县官若只取一分火耗,便是好官。"迄雍正时实行所谓"火耗归公",

但实际上也允许州县官合法获得"火耗"，并作为"养廉银"，只是划定了法定比例而已。而由于除了"耗羡"之外，还有下属的"孝敬"等其他种种"陋规"，为此清代一般州县官每年总收入可达一万两以上。所谓"三年清知府，十万雪花银"的说法，就是由此而来的。可见，腐败的相当一些部分，实际上是由"陋规"衍化出来的，只不过那些可能导致腐败的规矩，还被安上一个正式的称呼，叫作"陋规"而已。

类似这样的"陋规"现象，不独清代才有吧。当今中国各地官场，同样就有种种导致腐败的"陋规"，只不过明里不可能公称"陋规"而已。而吾人透过"陋规"进行分析，就可以发现：从表面上看，"陋规"似乎就是腐败的制度性根源，但其实如果进一步追究下去，则应该说，高迈的政治理想与具体生成陋规的制度现实之间的背离结构，才是吾国政治腐败文化传统生成的总根源吧。

在政治上持有浪漫主义，本来就是我们祖祖辈辈的天性，乖乖，你想怎么样？

为腐败"埋单"

腐败自然不是中国政治的专利产品，其他国家也有。

几年前，一位国人访问新加坡，其间曾顺便与新加坡的亲戚一道，去了邻国马来西亚观光一趟，进关时，马来西亚出入境官员就接过其护照问道：你来我们国家干什么？这位国人答曰：从没来过，想来看看。那官员便说：那你给我 20 元钱如何？国人一听有点惊讶，这时新加坡亲戚就过来，帮她跟那位官员谈起价钱来了，最后以 10 元该国的现金"成交"（折合人民币约 30 元许）。

据说,这种事在该国还颇为普遍,为此作为邻国的公民,那位新加坡亲戚就见怪不怪了,还知道就出入境官员索要的"方便费"的额度,跟对方"砍价"。而那官员也不会有恃无恐,蛮不讲理,相反,却懂得适可而止,有所让步,使得个人与公共权力在此个案之中所展开的整个交涉过程,就跟普通的"商谈"一般。

我听完之后便有感慨。

同样是亚洲国家,马来西亚都已经有总统直选的"民主事实"了,但腐败现象竟比我们中国还直观化,甚至喜剧化,而且还在海关这样的"国家之窗"上大模大样地上演,这也算一绝了。人世间的"民主制度",真可谓光怪陆离,民主政府照样也可以是"合法的强盗组织",其中的成员就可以在类似这样的个案之中,如此坦然地索取"买路钱"呢。

处于腐败大国历史语境中的我们,听了这个有关政治制度的逸事之后,也许会产生一种莫名其妙的自我解嘲效果。但鄙人登时就想到:该国的国民之中自早就有很多华人,而且在彼国已经形成一定势力,那么是否是咱们中华传统文化的劣根性污染了他们的政治文化呢?但那位国人的一句话,提醒了我,这个假设并不成立:马来西亚与新加坡只有一关之隔,居然差别极大。

是啊,在新加坡这样一个由华人为主体的国家,类似的公开化了的腐败现象,还是不存在的。据说,李光耀先生早已经用其"治理的铁腕"差不多将其收拾干净了,而所用的方法自然是现代法治,当然,事实上还辅之以一种"高薪养廉"的制度,这种制度也被理性化、法定化。也就是说,在这个世界上的第二个以华人为国民主体的国家,为了惩治自身文化传统中根深蒂固的腐败，采用严刑峻法是一方面，满足人性要求又是一方面，二者并没有脱节，也对应了文化遗产。其高明之处就在于，让人民通过适当增加税收、并采取"高薪养廉"的形式，为人性的弱点以及自己所处的传统文化的弱点"埋单"（或曰"买单"）。

与其不同，作为新加坡邻国的马来西亚，虽也有民主法治的事实，而且也有一些防治权力腐败的制度装置，但则无新加坡式的"高薪养廉"这一现实的制度支持，于是公务员利用职权之便，像前述的那位官员那样向普通人民直接索取一些贿赂的做法，也就以分散化的、无定式化的形态存在着。这同样也是为人性的弱点以及自己所处的传统文化的弱点"埋单"，只不过是人民大众直接为腐败埋单而已。

话说那位从新加坡回来的国人，还谈起一件小事，说的是其亲戚有一个叫 Brannon 的小男孩，那年才 6 岁，却有多乖——有一次，Brannon 跟妈妈上街，蹦蹦跳跳时，竟差点闯了马路的红灯，被妈妈喝止之后，就马上自知错了，当场左右开弓，自己掌了自己好几个嘴巴，还一路跟在妈妈后面，牵着妈妈的衣角不断恳求："你打我吧，你打我吧"，直至到了家里，他还一直恳求。这时，妈妈也已经有点烦了，就说用什么打你？小 Brannon 说，就用皮鞭吧。家里平常果然也是预备好皮鞭来教训小孩的，妈妈就应小 Brannon 的要求，从墙上取下皮鞭抽了他两下，那小孩痛不可忍，竟一头扑向被窝，咬住被单，忍住了哭声……

这故事实在意味深长，我甫一听之后不禁哑然失笑，随之便陷入沉思。

法治可以扑灭腐败吗？

诺贝尔奖获得者缪尔达尔曾在《亚洲的戏剧》一书中提出了"民俗学意义上的腐败"这个说法，认为一个国家之所以腐败泛滥，主要原因之一就在于腐败已经在社会上成为一种"人人习以为常的文化"，用我国学者孙立平教授的话说，就是腐败已成为人人都要去适应的生活方式，甚至开始成为社会中一种被人们接受或默认的价值。

在当今我国，腐败也已开始出现这种"民俗化"的倾向。新近，有论客居然提出了"适度腐败""腐败容忍度"之类的说法，就说明了这一点，或者说，就是企图将这种倾向加以正当化。

但令人尚可欣慰的是：这一言论当即在网络世界里掀起了轩然大波，遭到了猛烈抨击。可见，当今中国民众对官员腐败之痛切，庶几近乎"零容忍"的程度。

那么，应该如何扑灭腐败呢？

对于官员腐败这样一种中国数千年来一直难以根治的痼疾，不少人均已肯认这样一件事实：仅仅依靠或主要依靠道德规范加以治理，是不行的，事实上也已被证明是没有实效的。然而另一方面，面对当今愈演愈烈的贪腐现象，国人也往往苛责法律的无力，并仍寄望于"包公"式人物的出场，更有进者，也有人把中国反腐的希望乃至政治昌明的理想，寄托于执政党的纪律监察机制之上，并认同这些部门采用超越法律的"霹雳手段"，进行"深度反腐"。然而，由于这几年来，一方面，腐败现象并未得到明显的遏制；另一方面，包括湖南省纪委原副书记杜湘成嫖娼案、浙江省纪委原书记王华元贪腐案等在内，反腐部门内部也爆出了一些腐败案件，为此也打破了一些国人的原初寄望。

在这种情势之下，有人甚至开始对"文革"时代产生了"乡愁"，认为在那个政治动乱的时代，恰恰是官员最为清廉的时代。有人甚至断言：当今的腐败现象不断地刺激着公众的情绪，也构成了民粹主义应运而生的一个潜因，加之我国政治文化中本来就存在着传统的官场治术以及现代的政治斗争等"路径依赖"，为此，并非没有发生第二次"文化大革命"的社会土壤。只不过大多数人会同意：特意发动"文革"来反腐，即使可收釜底抽薪之效，但不啻打开"潘多拉的盒子"，将给中国再次带来深重的灾难。

权衡之下，最终合理的选择，似乎还是回到法治一途上来。

但问题在于，法治真的可以扑灭腐败吗？

对于这个问题，笔者的答案是肯定的，只是要澄清两个先决性的问题：一、要看这里指的是何种"腐败"；二、要看指的是何种"法治"。

先说何种腐败。

腐败自然有程度之差异，为此你可以说各国皆存在腐败现象，只是程度不同而已。这种意义上的腐败，是难以完全扑灭的。只要人不是天使，人性还存在弱点，均可能导致这种意义上的腐败之产生。但要注意的是，腐败也有性质之不同。既有被法治秩序有效控制的腐败，也有失控的腐败，其中最典型的就是"结构性腐败"。一个社会是否存在这种腐败，经验的方法是：如果在现实的权力分配格局中,一旦给何者加大了权力,何者就容易走向腐败,那么,这种腐败现象,就属于这种性质的腐败。这种腐败的成因自然是复杂的,但究其主因,还是由于权力约束机制的缺失或力道不足而导致的。诚如英国 19 世纪历史学家阿克顿勋爵(Lord Acton)所言:"权力导致腐败,绝对权力导致绝对腐败(All power tends to corrupt and absolute power corrupts absolutely.)。"古今中外的历史,均严酷地明证了这个反复为人传诵的定理。而所谓"结构性腐败",其实就是阿克顿所说的这种"绝对腐败"的产物。在这一点上,也有人故意做一些文章,提出什么"外国也有腐败"或"适度腐败""腐败容忍度"之类说法,其实是混淆了上述两种腐败的概念。而我们所说的"扑灭"腐败,指的就是这种制度性腐败。

那么,何种法治能够扑灭腐败?

在这一点上,众所周知,中国历史上力图以严刑峻罚来解决官场腐败的制度设定,根本不乏先例,典型者如明朝早期曾用过的"重典":枉法赃八十贯,论绞;赃至六十两以上者,枭首示众,仍剥皮实草。尽管如此,明朝官员的贪污,最终还是发展到了相当普遍化、甚至公开化、合法化的程度。

对此,笔者个人的看法是:像明朝早期那样的严刑峻法,之所以仍不足以扑灭腐败,肯定是有复杂原因的,比如前文所谈及的高迈的政治理想与现实弊制之间所存在的背离关系,就颇值探究。但有一点需要澄清的是:现代法治自有许多要素,而严刑峻法则并不等于现代法治,尤其是像传统中国社会那样,国家治理方式主要依靠的还是人治模式,即主要依赖统治者分散性的个人主观意志,而法律仅仅是被作为手段来加以利用的情况之下，要想扑灭制度性腐败，那是根本不可能的，因为这种制度本身，往往成为腐败的温床。

说到最后，我还是觉得：一方面完善现代公务员体制，另一方面至少要成功地建立起现代法治，尤其是依靠与之相联系的现代宪政体制，其中包括建立起有效的权力制约机制、广泛的言论监督机制以及司法审判权的独立行使机制等，再辅之以其他各方面的政治社会文化条件，那种"结构性腐败"才有可能谈得上被扑灭。

当然，如果联想到有关"适度腐败"之类的说法，是否真的要全面扑灭腐败，似乎也可能成为一个问题，而且还不属于奢谈的问题。因为，像在高度发达的中国人治社会里，自古以来，官场里就发明了一种"化腐朽为神奇"的治术，居然能够将腐败本身转化为一种政治资源，加以巧妙利用。据说，北周开国皇帝宇文泰曾问政于大臣苏绰，苏曰："贪官可立国"，宇文不解，苏就答曰："用贪官可建死党；反贪官可除异己；杀贪官可赢民心；没贪官财物可充国库。"此则逸闻来自网传，虽不足凭信，但所言倒是道破了一些要害。而另一方面，某些官员为了表示愿意接受控制，也可能像萧何那样采用"自污"的策略，尤其是在腐败普遍化的情境下，一般少有官员敢于承担独善其身的风险，以致"宁赴湘流，葬于江鱼之腹中"。

这大致可以解明为何腐败迄今仍是我国社会之痼疾的疑问，而且也恰恰可以进一步反证：那种试图依赖传统人治模式，而非依赖现代法治模式来反腐的做法，无异于想扯着自己的头发离开地球。

网络是最大的一所学堂 *

我们置身于一个知识经济的时代，信息正以前所未有的速度在"膨胀"和"爆炸"。那么，到底信息是在哪里"膨胀"又是怎么"爆炸"的呢？答曰：主要是在网络里"膨胀"，又主要是通过网络传播方式"爆炸"的。质言之，网络正为知识经济的飞速发展提供了一种空间，一种无比广阔的空间，而这种空间，业已成为当今人类社会中相互连接的、具有拓扑结构的、因而是最大的一所学堂。今天恰好是母亲节，我们由此可以想象，网络即将可能成为我们人类最大的一所共同的母校。

是的，笔者这代人虽然非常熟悉俄罗斯作家高尔基的那句名言："爱护书籍吧，它是知识的源泉。"但时至今日，书籍有可能逐渐成为人类怀旧的古董，而书中的图文则可全部进入网络，而且，网络也为知识的储存与传播，提供了便捷的、高效的功能。网络中日益强大的检索系统，就已经验证了这一点，它几乎可以让我们做到"观万古如同日，知八荒若户庭"。您不了解刚刚提及的"网络的拓扑结构"这个

* 本文为 2011 年 5 月 8 日作者在全国人民大会堂举办的首届"法律与传媒高峰论坛"上的演讲稿。

概念是什么意思,是吗? 请别介意,Google 一下就知道了。您忘记了我国现行宪法中有关"审判权独立"是规定在哪一条,以及是怎么规定的,是吗? 没问题! 您不妨"百度"一下,就会轻松地回忆起来:那是规定在第 126 条,具体表述为:"人民法院依照法律规定独立行使审判权,不受行政机关、社会团体和个人的干涉。"您还想进一步确认一下其中的"社会团体"这个用语是否包括政党组织,是吗? 没问题! 您可以在网络上查阅各种文献资料,包括各种学术见解,最后便得出结论:这里所言的"社会团体",并不包括某个政党组织,甚至令人意外的是:如果仅仅采用文意解释,那它居然也不包括传媒机构!

论及关于法律与传媒的关系,有一种传统的、同时也是正统的观点认为:一方面,司法不应该受到传媒的不当影响,包括不应该屈从于舆论的压力;另一方面,这也要求传媒相对于司法案件,应该保持审慎的态度,尤其是对于那些系争待决的案件,不得预先做出不客观的报道以及有偏向的评判。

其实,对于传媒而言,这本来是比较容易达成的,因为在中国,传媒早已习惯了各种的约束,不怕多出一种这样的规制。只是在当今,网络放大了传媒,超越了传统传媒的功能,甚至变成一种难以约束的野性力量,于是乎似乎也对司法构成了冲击。而当下的网络世界里,可谓鱼龙混杂、泥沙俱下,一些论坛上,确实也潜伏着各种"五毛党",甚至组成"水军",更有"愤青"横行,"砖头"横飞,在那里,理性的公共论坛远未形成,轻率的道德评判却充斥其间,而且道德评判往往采用撕咬的方式,使得部分网络世界似乎处于霍布斯所说的那种"人对人是豺狼"式的自然状态之中。为此,许多人更为"司法独立"而忧心忡忡。

然而,时至今日,要让我们远离网络时代,就像企图拉着自己的头发离开地球那样困难了。既然如此,如果要绝对隔绝网络言论对司法判决的影响,除了要求法官自身对网络言论闭目塞听、充耳不闻,则几乎别无他途了。

问题在于:让法官做"E时代"的鸵鸟,成为网络世界的绝缘体,这真的正确吗? 如果司法真的就那么脆弱,那么容易迷失在网络舆论的导向之中;法官真的就那么敏感,那么容易被滔滔人言所裹胁,那么,我们本来就已经很难期待法官还能有自己的所谓"自由心证",也很难期待司法部门还有什么"审判权独立"了。

这便意味着,在互联网时代,究竟应该如何处理司法与舆论之间的关系,这虽然也涉及社会问题,但主要不是社会问题,而是司法自身的内部问题。相反,如果司法具有足够健全的机制,法官具有足够理性的定力,那大可不必自绝于网络世界;反之,同样可以出入于网络这所大学堂,有效利用其学习功能,并不妨时常通过它去了解一下国情民意。而且,网络世界也是值得司法机关去正视的。君不见:在当今中国,网络也具有某种权利救济的功能,许多根据法律被排除在法院受案范围之外的案件,甚至因为种种原因无法期待得到公正的司法救济的案件,却正是通过网络而成为公共事件,并得益于网络舆论的压力,而得到有效解决的。

另外,即使某一个问题而引起舆论风波,那这种网络言论也并非什么洪水猛兽,它恰好应验了不久前陡然流行的那句网络用语,即"神马都是浮云!"因为各种观点的分歧,其实都在相互碰撞、相互交锋；而各种观点的影响力，也在相互折中、相互抵消；倘若最终果真还有某种观点能够在网络论坛上胜出，并居于主流的话，那么还真的值得人们予以认真对待。尤其是如果言论自由的健全环境能够得到充分的保障，即使一时因某个问题网络里人言滔滔，天地间人心惶惶，但只要假以时日，让时间去沉淀一下，那么，"清者自清、浊者自浊"，乱象与乱局也便会自行得以消解，真相和真理也会逐渐得到澄清。这说到底还是因为：网络本身就是一所最大的学堂。

"青山遮不住，毕竟东流去。"在当今的信息时代，网络终究要教会我们广大中国人懂得一个更大的道理：只要条件成熟，即使我们彻底开放言路，充分保障言论自由，我们国家的社会秩序也未必就因此而失控。那些典型的、成熟的宪政国家，其治理制度之所以没有因为充分保障言论自由而崩溃，原因同样也在这里。

而反观当下中国，传媒对司法的不当影响当然要加以戒备，但如果司法部门被政治化，或者只能被政治化，那么，它也有必要承担相应的一种责任，即与立法机关、行政机关等这样的政治部门一样，同样不能免受大众舆论的监督与约束，否则，仅仅独立于大众舆论，而却不独立于政治部门，甚至俯首听命于政治部门的法院，那就更难获得司法公信力，也更非我们宪法所期待的角色。

第三辑

熬了规范主义的药言

谁是中国的施米特？*
有关陈端洪教授一篇文章的课堂评论

对于陈端洪教授的《论宪法作为国家的根本法与高级法》这篇文章，大家讨论得很好。现在我来总结一下，或者干脆从我个人的角度试加评论一下。我知道，我们一些同学在关注陈端洪教授的这篇文章，我呢，无论是从与陈教授的个人私交的角度，还是从学术兴趣的角度，也都对这篇文章予以高度的重视。今天也应该借此机会谈谈个人的看法。这些看法可以归纳为以下十点。当然，我承认，这"十点"的形成是比较刻意的，是凑合成十点的，并不是说刚好有十点，因为如果要全面具体分析的话，可能引发的问题就会更多。

众人皆醉我独醒？

第一，我认为这篇文章非常有力地批判了目前基本上已经"弦断无人听"的"宪法司法化"潮流。本来，"宪法司法化"本身早已式微了，几乎折戟沉沙了的，无论是其司法活动的基本动向，还是明确主

* 这是根据作者于 2009 年春季学期在浙江大学法学院所开设的《宪法学专题研究》课程中的一段发言整理而成的，并有一些必要的文字订正。

张"宪法司法化"的黄松有大法官最近恰好"落马"的事件,都表明了这一点。但需要强调的是,陈端洪先生仍然从学理的角度给予"宪法司法化"非常有力的、根本的批判,这是此文的成功之处之一。这里所谓的"学理",不光指的是法教义学意义上的学理,比如说根据我国现行宪法的规定,法院并没有违宪审查权,所以断定"宪法司法化"是行不通的,云云。类似这样的观点,在前几年,早已有之,而且这样的持论者不乏其人,可以说,我也持有这样的立场。但我也很清楚,这样的观点也可能面临这样的追问:既然障碍只是在于宪法上没有依据,而不在于司法审查制度本身的妥当性及其在中国的适应性,那么我们是否可以从立法论的角度主张修改一下宪法,把违宪审查权直接赋予法院。然而,陈文的论证结构并没有这么单纯,他的论述达到了更为根本的层面,即:就是将违宪审查权赋予法院也不行,主要原因是中国现行宪法的内部结构决定了这样的。这就使得有关问题被进一步深化了,尽管被深化了之后的分析结论是否妥帖是一个问题,但这也是另外一个问题,而将问题深化了的这一点本身,就已经具有一定的学术意义。

第二,在此延长线上,此文从正面的立场,回答了当今中国宪法在适用当中所遇到的巨大困境的潜因。推而广之,也就是颇为深刻地分析了宪法的实效性所面临的困境,以及相关的成因。我觉得这一点上,陈文也是颇为成功的。当然,之所以说此文是从"正面的立场"作了解答,是因为作者论述的结果,似乎并不为此而焦虑,相反,他偏向于以"众人皆醉我独醒"的态度,止于做规范内在原因的客观说明。

第三，在方法上，陈文有可能是典型地反映了政治宪法学研究范式的一篇文章。应该说，宽泛意义上的政治宪法学的研究在迄今中国已不乏先例。但是，许多政治宪法学的研究还未必具有典范性，有些甚至比较幼稚，尚处于未能与政治意识形态严格区分的蒙昧状态之中，也没有明确的、独立的法学方法论意识。当然，从陈端洪教授的此文中，我们同样未能断言他已经具备了明确的政治宪法学的方法论意识，但是就这篇文章而言，无论人们同意还是不同意，在我看来，它是迄今为止在中国的许多同类研究当中最能典型反映政治宪法学研究方法和进路的一篇力作，为我们当今中国的宪法学打开了一片新视野。

第四，基于其方法上的倾向，这篇文章主要采用的应是一种描述性的分析，而且这种描述也具有相当的魅力，尤其是其文字新奇、沉郁。当然，在这一点上，就可能存在一些问题了，如文脉存在跳跃和断裂。正像许多同学在讨论中都提到的那样，包括 S 同学刚才指出的那样，甚至在同一篇文章当中，作者的部分观点还存在着需要说明的前后矛盾。其实这个文风也可能反映出了作者本人在学术观点上仍存在一定的主观性和任意性。这也说明，不要以为采用了所谓社会科学方法的方法，就真的会达至"科学"的境界，其实对因果关系的描述，同样也蕴藏着一种"解释"，蕴藏着"解释"所固有的主观性，更何况在后现代主义看来，现实本身也可视为一种"文本"。在这一点，力图作客观分析的研究方法，或者标榜要作科学分析的研究方法，其实与我们通常所用的法规范解释之类的规范分析方法，就具有相同的宿命，都可能涉及价值判断问题，为此也都可能具有主观性。为此，问题的关键不在于你的研究有没有主观性，而在于你如何对待主观性的态度。在这一点上，陈端洪教授自然还没有方法论上的自觉，也就是，或许他私下可能意识到自觉结论是具有主观性的，其中夹了一些"私货"，但由于受到政治宪法学的影响，他对这一点在方法论上则没有意识，也就是说，他没有考虑到这样一些问题，比如：研究者是否可以放任那种主观性；如果不可，那么如何克服或超越主观性？

施米特式的断言

第五，作者对宪法序言的片面推重，也可能存在问题。据说，作者曾经表示过，现行宪法这一整部宪法，也就只有序言才是重要的。这可能深刻地洞见了我国现行宪法原本作为一种"政治宣言"的特性，但我觉得，这种特性即使是一种事实，也不是唯一的，更不应该将其夸大之后加以接纳。而在陈端洪教授的观念当中，似乎存在了以宪法序言本身为核心对象的研究取向。在这一点上，我觉得这种观点，首先显然有违我国现行宪法作为一种成文宪法所拥有的那种形式结构意义，人们可以轻易地诘问你：你说宪法序言是最重要，但难道规定了社会主义制度、规定了一切权力属于人民、规定了人民代表大会制的总纲部分就不重要吗？后面规定的公民的基本权利和国家机构的规定都不重要了吗？这恐怕就属于价值判断的问题了，不能轻易断言。其次，这种"唯序言重要说"，还可能违背了这部宪法在这个转型时代之中自我展开的历史趋向，我个人就觉得：我们时代正在呼唤宪法的规范性了，千千万万的人民大众，也正在，或期待着将这部宪法，或者这部宪法的某一个条款作为自己权利诉求的"护身符"呢！

第六，陈教授对五个"根本法"的内容及其序列的认定。大家都记得，他所说的五个"根本法"，按照他所说的"优先秩序"依次是：中国人民在中国共产党的领导下、社会主义、民主集中制、现代化建设、基本权利保障。但这种说法在学术上可能具有一定的任意性，主要表现在：首先，陈端洪教授不理会大家平常所用的根本法的概念及其含义，他自己决定，所谓"根本法"就是"习惯奉行的、不受质疑的价值和做法"。姑且不论他所说的这五个"根本法"是否真的"不受质疑"，就说他对"根本法"的理解就是随意的，自我的。其实，德国纳粹时期"桂冠法学家"施米特，就曾经在他的《宪法学说》一书中，梳理了"根本法"这一概念在西方国家古往今来的九种不同含义，而如果按照陈端洪教授的含义，他所用的"根本法"乍一看似乎比较接近于其中的第五种，即相当于是宪法中的"根本规范"，或又类似于我们通常所说的宪法的基本原则，但实际上是分散地使用了施米特所归纳的那几种有关根本法的定义，也就是说，其含义大多是施米特以前欧洲历史上的各种说法，现在未必普遍适用。但陈端洪教授不用"宪法的基本原则"这个我们大家都在用的说法，而代之以"根本法"这个有歧义的概念，却没有说明这个来历。他在这里好像布下了一个陷阱，等着你批评他这个概念用法不当，然后他猛然指出在施米特的定义中，根本法就具有多样性。不得不说，这样的做法，在学术规范上是相当随意的。其次，还体现在他没有、也无法说明：为什么只有他所看上的这五个"根本法"才是"根本法"，而不是四个或者六个"根本法"，以及它们之间为何存在他所摆出的那种价值序列，即他所说的"优先秩序"。

第七，陈端洪教授的这篇文章似乎认同"党国一体化"的政治体制。但他的这个立场估计要倒退到20世纪80年代末以前中国政治学和宪法学有关研究的结论上去，甚至也有悖于当今我们正统的政治意识形态，也就是说连正统的政治意识形态都难以接受他这样的观点。其实，他对其所倾向于认同的党国一体化（即党的领导权的配置和国家权力的配置相统一）这种政治体制之正当性的论述，还是非常薄弱的。他也接受了施米特的一个理论，即将绝对宪法与宪法律区分开来，并且适用到对党国一体化政治体制的分析当中，可是他还不敢明确指出执政党的领导就是绝对宪法，但他的观点似乎暗含了将党的领导看作是绝对宪法中的政治决断这样一种意味。这可不是一个简单的理论问题，而是一个重大的理论问题，可能值得谨慎推敲。我们应该看到，陈端洪教授自己所看重的《宪法》序言第13段本身就明确规定："……各政党和各社会团体……，都必须以宪法为根本的活动准则，并且负有维护宪法尊严，保证宪法实施的职责。"《宪法》第5条第4款也有类似的规定，其中第5款更明确规定："任何组织或者个人都不得有超越宪法和法律的特权。"这可以说是我国现行宪法的历史成就，也是它迄今在立宪主义方向上迈出的一个到达点，由此可以看出，一般很难接受陈端洪教授的上述观点，即使当今国家的正统的政治意识形态，估计也很难容受他的这个观点。

第八，陈端洪教授这篇文章当中所理解的制宪权理论可以说是过时的。有关制宪权理论，在宪法学上有一个长期的发展过程，其中不同阶段有不同的主流观点，简单说，制宪权的概念和理论是18世纪法国的西耶斯最早提出来的，此后在德国纳粹时期的施米特那里得到了发展，他们的观点颇有许多不同，但都倾向于将制宪权看成是不受任何约束的权力。陈端洪教授完全接受了这个观点。这可能跟他长期钟情于卢梭的主权绝对主义理论有一定关系。然而在现代宪法学当中，这些理论都已经受到挑战，而且是来自主流宪法学说的挑战，比如，狄骥在20世纪初就对主权绝对主义提出了猛烈批判，20世纪50年代日本宪法学家芦部信喜教授也曾在《宪法制定权力》一书中，全面梳理了制宪权理论的渊源、确立和转型，并对施米特的制宪权理论提出了严厉的批判。这些立场，基本上都是当今各国宪法学的主流观点，陈端洪教授没有注意到，这成为他立论的一个重要盲区。

第九，陈端洪教授提出了政治宪政主义的出路，来对抗"宪法司法化"这一进路所体现的法律宪政主义，但是他的政治宪政主义主要是来源于英国当下的一些观念，是否能适用于当下中国，与美国式的"宪法司法化"，同样很难说。甚至政治宪政主义这种主张在英国，也只是数种理论当中的一种，并且受到了较为有力的批评。甚至，陈端洪教授对政治宪政主义的出路的描述还是不够的。他提出了一个口号或者说谏言，即"政治的归政治，法律的归法律"，这个观点也容易引起人的误解，或者说它本身也存在误解。应该看到：宪政主义本身就是倾向于要将政治纳入法治的轨道，而"政治的归政治，法律的归法律"，本身就不能叫作宪政主义。既然陈端洪主张"政治宪政主义"，那就也有必要承认，必须遵从宪政主义的最起码的一个要求，即用法律尤其是宪法去约束政治权力，因此，政治的不可能完全归政治。

事实上,在各个立宪国家当中,大部分的政治权力和政治问题都可以纳入宪政约束的框架里。但是,也要看到:即使是"宪法司法化",比如典型的美国式司法审查制度,在处理政治问题时,也不是乱来一气的,而是已经存在了一种叫作"政治问题"(political question)的原则,其做法就是:法院在受理宪法案件时,一般不受理那些涉及高度政治性的案件,而让这类案件由政治部门、即议会和行政机关去通过政治途径去解决。

规范主义的立场

第十,在思想立场以及方法上,陈端洪教授虽然也存在宪法文本的解释,但是其解释并非规范主义的解释,而是非规范主义,甚至反规范主义的。我认为,你反对"规范宪法学"是可以的,但不要全面反对规范主义本身。当然,何谓规范主义,这描述起来有点复杂。规范主义最初是一种政治哲学,但因为它与其他纯粹政治哲学一样,自身缺少一种实践运作能力,为此需要借重法的思想和技术,为此就进入法的领域。这样,规范主义也就被复杂化了,形成了这样一种结构,具体而言包含了三个层面:第一个层面,在方法技术上它主要属于一种解释学,是采用对法条的解释和适用,或者说规范解释和规范适用。但这只是规范主义的最低形态,从法学而言,这只是属于方法层面,其中甚至包含了琐细的技术要素。但为什么会如此呢,这是因为规范主义具有更加高级的第二个层面,即在价值立场上,规范主义基本上倾向于对法规范的遵从,即对规范保持敬意。当然,我觉得这里面有各种各样的具体方位:有纯粹的法教义学的,比如德国历史上

的概念法学，就属于这种规范主义；但也有我们"规范宪法学"所主张
"适度返回规范"这样的一种态势，即没有将特定历史语境下的规范
秩序加以绝对化，然而，并不排除对其保持必要的尊重。为何呢？这
就涉及规范主义的第三个层面，即在思想观念上，即以规范为准据去
约束现实中的公共秩序，包括公共权力的运作。这可以说是规范主
义在特定的话语体系之中所能形成的最高形态，比如在宪法学中，这
就可以看成是自身最高的观念形态之一。

上述的规范主义作为一种思想观念形态，也是可以相对独立的，
但从人类思想史上来看，它往往与其他各种思想体系相结合，其中比
较典型的是它与自由主义的结合，此外它还与共和主义，甚至与社会
主义等思想体系也有结合。比如我国现行《宪法》序言第 13 自然段、
《宪法》第 5 条，就体现了规范主义精神。也正因为这样，我们说各种
思想体系之间其实在规范主义的立场上就可以对话，甚至可以互相
借鉴。从宪法学角度而言，这就是比较宪法学作为一种学科的正当
性的根基之一。

当然，规范主义在特定历史语境之下，也可能是隐藏在其价值立
场以及非法律技术背后的，有时也无须表达出来，这是其自身的一种
谋略。这种谋略有时寄托于形式主义，甚至寄托于连一些政治学者
和社会学者也厌烦的法条主义，表现得相当教条、相当呆板、相当琐
碎。为此，你会发现，与我们"规范性法学"相比，政治宪法学"妖冶"
多了，因为后者不受这些约束。但是，在历史上，即使是最狡猾的规
范主义者，也同样存在一种雄心，即前面所说的力图以规范为准据，
去约束现实中的公共秩序，包括公共权力的运作。比如，德国近代的

拉班德就是这样一个狡猾的规范主义者。说到这里,大家要注意:别以为自然法学派才是规范主义者,其实在历史上,自然法学派可能是规范主义者,但法律实证主义者也可能是规范主义者,法律实证主义在作为规范主义的情形下,往往可能比自然法学派具有更为完整的结构,尤其是在第一层面上更为成熟和有力。说到拉班德,你们如果有兴趣可以去看看我的那篇文章,即《法律实证主义方法的故事——以拉班德的国法学为焦点》,就可体会个中意味。拉班德这老人家很狡猾,他生前左右逢源,风光无限,我们可能不喜欢他,但是他始终坚守底线,并不是完全迁就于当年德国皇帝的权力,而是同样想将这种权力纳入法律规范当中加以约束。这就守住了规范主义的底线,或者说他也有规范主义的苦心。

以上十点讲完了,但回到陈端洪教授这篇文章,我觉得可以进一步再归纳为三点:

第一点,陈端洪教授这篇文章显示了,他明显受到了德国施米特的影响。当然,他自身也存在内部的冲突:一方面对规范主义的精神仍然存在着"乡愁";但另一方面他又"背井离乡",渐行渐远,几乎投入了施米特式的"政治宪法学"的怀抱。近年有人说,中国出了施米特,不知道端洪教授是否就是中国的施米特。

第二点,"政治宪法学"对当今中国许多重大问题也许言之过早了,它虽然很清新,但其实也可能染上了学术浮躁的毛病,完全没有耐心等待事物本身的充分发展,而这又恰恰是因为太相信施米特的"总体决断"了,以致就像是一个涉世未深的少女,初遇一个心仪的郎君,就作出了"决断",将人家的名字文在自己身体的关键部位上了。

第三点，尽管如此，作为"规范宪法学"在国内学界的倡言者之一，我对陈文体现出来的典型的"政治宪法学"的研究范式，还是表示欢迎。因为我们"规范宪法学"需要一个强有力的论敌，唯独如此，才能有助于推动未来中国宪法学研究的进一步多元化。而这个多元化不仅可以反映当下中国多元的价值观并存的社会结构，同时也有利于我们在学术上从多种角度来对宪法学进行全面、深入、生动的研究。因此，我们应该敞开怀抱，拥抱陈端洪教授，问题是，我们要追问一个严肃的、重大的问题——

当今的中国，真的需要施米特吗？

宪法学界的一场激辩[*]

晚近的中国法学界，可谓颇为沉寂。唯有北大的陈端洪和强世功教授，不甘于苦忍暧昧的况味，反倒向"规范法学"发起了进攻。根据善意的推断，这两位老兄未必在战略中存有合谋，或在战术上刻意联手，甚至也未必都同样具有政治上的自我期许，但他们彼此不约而同的进发，客观上也对"规范法学"形成了某种"夹攻"之势。而其出手之凌厉，攻势之迅猛，明眼人都能领教。鄙人也曾并无不敬地借用"通假"的手法，将这种动向称之为"全端轰"（陈端洪）加"强势攻"（强世功）。

当然，他们首要的具体目标，主要还是针对"规范宪法学"的。二人质疑这种秉承规范主义精神的宪法学乃至整个中国的宪法学在当下中国既不能解释现实政治，又不能解决现实问题，为此认为应代之以其他进路的有效思考。于此，端洪教授明确提出了"政治宪法学"的概念，并以自我理解的"根本法"以及施米特意义上的"制宪权"等理论诠释现下我国的宪法政治现象；而强世功教授更是直截了当地

---

　　* 原文乃一篇博文，后扩写成详篇，曾题为《交锋在规范法学的死地》，载于《法学家茶座》第 32 辑（2010 年），现恢复原名，并略有订正。

提出了"中国宪法中的不成文宪法"这一命题,认为"要理解中国宪政固然要理解中国的成文宪法,但更重要的是理解现实中规范中国政治生活的形式多样的不成文宪法。目前,仅就不成文宪法的渊源类型而言,不仅有类似《中国共产党党章》(准确的应为《中国共产党章程》——本文笔者注)这样的规范性宪章,而且还有大量的宪法惯例、宪法学说以及宪法性法律"。

他们言之凿凿,如指诸掌,于当下我国现实语境下似可信据,甚至难以辩驳,这就可能在无形中将"规范宪法学"乃至整个力求以法的规范去合理约束现实的规范主义法学推向了某种"死地"。但是,在我看来,他们在理论的阵地上奔袭之时,似乎陷入了从事实命题中直接推演出规范性命题的泥淖,甚至趋进了"凡是现存的就是合理"的误区。

为了将交谊十多年的老友陈端洪教授从那种危险的迷途中挽救回来,当然也为了守备规范主义的阵地,2010 年 4 月某日,鄙人不惜冒了一次风险,让学生特地请来此君,在清华大学法学院做了一次专场讲座。说来这老兄应诺得也颇为爽快,唯一的要求就是我也亲自在场。于是,一场对于我二人的学术立场而言似乎都可能是"置之死地而后生"的交锋,就这样痛快地拉开了序幕。

事后,清华大学出身的年轻学人周林刚君在自己的博客中这样描述道:

> 林来梵老师竟然请陈端洪老师到清华"座谈",而谈的题目就是陈端洪老师最近发表的"政治学者"与"宪法学者"的对话!

要知道,在这个对话中,(一旦)宪法学者败下阵来,也就(意味着)是纯粹规范思维的宪法学败下阵来。现在,……林来梵老师竟然引狼入室,短兵相接……

从"双手互搏"到"重拳出击"

端洪果然是有备而来的。他特意选取了自己新著《制宪权与根本法》一书中的首篇《宪法学的知识界碑——一个政治学者与宪法学者的对话》作为这次讲座的主题,此已可谓深思熟虑;而且据他短信预告,来之前又在家里"狂写"(我此后的描述)了两天,这又可算是补足了弹药;在人力资源方面,与他同属"政治宪法学"阵营的高全喜教授以点评人的正当身份,同时当然也以北京航空航天大学法学院大牌教授的有利地位,为他保驾护"航";而他本人从北大出发时,又有田飞龙等一干在他门下"佩刀行走"的学生随行。看到这阵势,我不得不佩服老友深谙"政治宪法学"的基本套路,竟将"实力对比关系"按照有利于自己的作用力方向,安排得如此便当。

当晚听众的人数,也果然超出了原先的预想,于是演讲厅不得不从小的会议室临时换成大的,且大家坐定之后还是济济一堂。据我暗下观察,端洪教授的一帮由"不特定多数"的学生所构成的"粉丝团"也已到场,其中不少还是女生。我当时心里一阵傻乐——这老兄所主张的"人民必得出场"之前,他的"粉丝"居然首先出场了。但转念一想,在历史的真实画面之中,"人民"的原初形象,往往不就是狂热的"粉丝"吗!

但开场之前,室内却显得出奇的安静。众人强烈的期待,也许通过集体屏息之类的默契,已自然生成为一种临时秩序。

这时,主持人带着微微的颤音,宣布开场了。

主持人是清华大学法学院的何海波副教授。他在介绍主宾时,不忘谦称一句:陈端洪教授是他北大求学时期的老师。当他接着介绍今晚的评议人时,我也谦虚地示意他先介绍高全喜教授,更何况原定的第一位点评人——清华大学法学院院长王振民教授还在从外地赶回北京的路上,我自己愿意敬陪末座。

到开讲之际,全场掌声雷动。端洪一时兴起,便要站着发言,于是大家为他挪来了一个齐胸高的西式讲台,让他气宇轩昂地傲立于台前,开始滔滔不绝的演讲。

且说那原定要讲的"一个政治学者与宪法学者的对话",乍一听还以为是某两位高人在哪个悬崖峭壁上面 piapia 过招,其实在内容上,却是这位仁兄将自己"分解"为一个"政治学者"与一个"宪法学者",并为之演绎了一场没有具体场景的、但在理论上却是针锋相对的对决。这当然是别出心裁的脚本,而且其中所拟制的"政治学者"的形象,可谓学养深厚,韬略在胸,俯仰之间气势如虹,而那位"宪法学者",则视野狭隘,刻板生硬,面对"政治学者"苏格拉底式的究问,几乎佶屈聱牙,窘态百出,于是,整个对话也就水到渠成地按照预先安排好的实力分配格局产生了这样的结果:"政治学者"的观点以压倒性的优势占据了上风。这应是端洪教授作为一个思考主体的内在过程,但谁都知道,在这场刻意模拟、精心铺设的对话之中,这老兄虽然采用的是周伯通"双手互搏"的招式,实际上则是在猛烈地进击"规范宪法学"，锋芒所及之处，更是强有力地直指当下中国的宪法学，甚至整个规范主义法学的阵营。

那天晚上的端洪教授，正是带着已然在这场模拟对决中由那个"政治学者"出面为他预先"透支"了的胜者优越感而展开他的演讲的。他一次又一次地用巴掌劈开胸前的空气，振振有词、侃侃而谈，不时地从根本上叩问当下中国宪法学的主流，既不能回答也不能解决中国现实中"真实的宪法问题"，并强有力地指出，在现下中国，由于宪法的政治性压倒了规范性，为此宪法学就应该引进政治学的考察方法，而只有基于像施米特那样的政治宪法学，才能有效回答和解决那类问题；在此基础上他强调：比如宪法学有必要引进"制宪权"这一他所认为的"政治学概念"作为"宪法学的知识界碑"，据此可以认识到，比宪法规范更为根本之处，不是凯尔森所假设的"基础规范"，而是不受任何限制的、超越宪法的制宪权，而在中国，执政党，则可以理解为是与全国人大并立，但却是"常在的"而且地位高于全国人大的制宪权的特别代表之一。至于多年来聚讼纷纭的"良性违宪"现象，便可以理解为是执政党与全国人大这两个制宪权的特别代表在先后分别做出"决断"的时间差中所出现的一种必然现象。

激情的主体演讲超出了原定的四十分钟，而长达一个多小时。末了，这老兄还特地以施米特式的修辞手法，断言中国宪法学不可"吃错了药"，唯有施米特才是当下我们应该吃的"药"。

这仁兄的论断，使我感到他完全坠入了施米特的历史气场。

其实，自己在早年留日期间也曾一度瞩目过施米特，迄今仍然没有全面否定他在学说史上的坐标意义，甚至也认同他个别的一些学术观点,比如宪法权利的制度性保障理论,又如他对近代议会主义精神史地位的深刻洞见。但我总体上还是同意国际学术界的主流见解,认为施米特的理论是危险的。

而令人忧虑的是,我的老友居然比施米特更加激进——这正如翌日早上我曾与恰好来京并默默参加了那场学术活动的浙江大学博士生白斌谈到的那样:在施米特那里,宪法被看作是主权者对一个国家政治体方式的一次性的总决断,但由于陈端洪教授"认定"了二元性的制宪权特别代表体制,而且其中还存在"常在的"、比通常意义上的特别代表更高的特别代表,为此不得不容许人家随时可以就宪法体制做出决断,即可能是多次性的决断,这无形中就可能将宪法秩序的不稳定状态加以正当化。如果再考虑到卢梭式的人民"全体出场"的代价,这其实是连执政者都难以接受的一种激进理论。非但如此,自法国的西耶斯以来,主流的制宪权理论都主张作为制宪权主体的人民,可以通过特别代表去制定或修改宪法,其程序性的要求就是获得人民的委托授权,而端洪教授的"制宪权二元特别代表"说,却没有对那种特殊的权力构造的合法性渊源做出特别的充分论证。

实际上,我也并不笼统地反对宪法学应当适当吸收政治学的方法,但他的思考理路显示,他似乎只是暗自依据当下中国特殊的政治现实情形,选择了在他看来也许是最为适合于说明这种情形的施米特观点,并顺便参酌了他所熟悉的卢梭学说,然后重构出一个描述性理论,为此这个理论看上去也就自然而然地"符合中国实际"了。质言之,端洪教授的目光不是在事实与规范之间流转往返,而是在事实与事实命题所构成的理论之间来回打转。但那种"符合中国实际"的辐射效果，则容易给人们形成这个理论既博大精深、富有创见，又对"中国现实问题"具有强大解释力的感性印象。

果然，在端洪的主体演讲之后，全场掌声雷动。

那掌声，骤然打破了现场中已经高度凝结了一个多小时的严肃气氛，又在无形之中将这种严肃的气氛进一步推向了剑拔弩张的态势。我感觉到，现场中的所有目光，都一齐投向了我。

但我示意，还是由高全喜教授先做点评。

老高当仁不让起身发言，依然保持了一贯娓娓道来的风格。这位仁兄原是哲学专业出身的，曾师从贺麟先生，问学期间曾大病一场，却又奇迹般地治愈了，此后便转入了政法问题的宏大叙事。这段独特的经历颇似当年德国的马克斯·韦伯，缺少的只是一副魏玛时代风情的胡子。其实，他年纪也就大我数个月而已，但却提前历练出一派长者气度，不像我辈这般，一旦被搁到今晚这样的热锅里头，就成了很容易被炒得蹦蹦跳的豆豆。

点评中，老高同意端洪的看法，认为当今中国宪法学的主流确实不能回答和解决现实中的许多问题；他虽然对端洪的部分观点也持有一些保留意见，主张应以英美的理论作为思考的准据，但总体上还是明确地支持了政治宪法学这一思考的方向，这使端洪教授在现场中的气势得到了进一步的补强。

此时，王振民教授还没到场，为此我不得不上场点评了。

诤言对诤友：规范主义的苦心

出场第一句，我便说：尊敬的端洪兄、全喜兄，今晚听到你们的发言,我热血沸腾呐!于是,全场爆出一片轻松的笑声。

接着,我顺便做了三点欢迎致辞:第一,欢迎陈端洪教授、高全喜教授这次应邀前来清华大学法学院公法学科点进行学术交流;第二,作为一个宪法学人,借此机会也欢迎陈端洪教授这几年从行政法学"回到宪法学的怀抱",我知道他过去本来就是宪法学专业出身的,曾师从王叔文先生读了博士,但多年从事行政法学研究,其间为膏粱计,甚至还一度做过兼职律师,"广泛接触社会现实"(说到这里,台下的听众意味深长地笑了),现在好了,总算是回归宪法学了。第三,——我高声强调道:更欢迎陈端洪教授今晚对我所主张的"规范宪法学"提出了尖锐的批评。这时,听众似乎进而舒了一口气,更是笑开了。

但是,——我说:我要对端洪教授这次所发表的观点做三点商榷。

第一,今天端洪兄在主题中所涉及的"制宪权"这个概念,其实根本没有谈何"引进"到宪法学中来的必要,因为,无论是国外的还是国内的现代宪法学,都已然有了这个概念与理论。

我承认,传统的许多法律实证主义者是曾经排斥过"制宪权"这个概念的,比如德国历史上的国法学大师拉班德、耶利内克就是如此,日本历史上的公法学巨擘美浓部达吉也是一样,因为他们都将立法权视为国家的最高权力,并将"制宪权"吸收到立法权的概念之中。这对近代以来的中国产生过很大的影响,比如为了制定1954年宪法,我国当时就特意召开了第一届全国人大,其原因就是由于当时人们认为,需要由这个立法机关通过那部宪法。但是,现代宪法学不同了，人们大多已认同了独立的制宪权概念，目前我国宪法学界也是如此，比如韩大元教授、苗连营教授等人都对制宪权理论做出过研究，承认它是宪法学的一个重要概念。

第二，端洪先生之所以误认为有必要引进这一概念，并推导出一些值得斟酌的观点，主要是由于他对制宪权理论的学说史脉络的梳理还不够完整，尤其是没有全面正确地梳理到这个理论在学说史中的"首尾两端"：前者是近代英国的洛克，后者即现代日本的芦部信喜。而端洪先生则从卢梭开始梳理，戛然止于施米特。

实际上，卢梭并没有提出制宪权的概念，而且更重要的是，按照卢梭的理论，"主权"也是被"立法权"所吸收的，为此不可能将制宪权与立法权截然分开。这个思想，对迄今的中国宪法学以及宪政体制均有一定影响。然而从学术上而言，要在当今的立场上重新梳理制宪权理论，我认为与其从卢梭开始，不如从洛克着手。诚然，洛克也没有明确提出"制宪权"这个概念，但在其《政府论》下篇中，已经提出了类似制宪权的思想，可谓是制宪权理论的萌芽。到了后来法国的西耶斯那里，"制宪权"概念第一次被明确提了出来，并将"制宪权"与"宪定权"区别开来，而立法权则被理解为是"宪定权"之一。这一点端洪教授的认识是没有错的，接下来他对施米特制宪权理论内容的描述也是确切的，但错则错在他将施米特的理论视为至善，尤其是完全认同施米特的如下主张：制宪权是一种超越实定法秩序的政治实力，为此不可能受任何限制，也不应受到任何限制。其实，这个观点已经被现代宪法学所推翻，比如现代日本宪法学界执牛耳者的芦部信喜教授，曾著有《宪法制定权力》一书，就曾雄辩地认为：制宪权不是一种纯然的超越法秩序的政治实力,而是处于"法与政治交叉点"之上的一种决定国家政治体制的权威力量;它不是不受任何约束的,而是受到其自身在制宪权发动之前所确立的前提,比如人的尊严、国民主权、人权保障等观念的约束,这些观念又通过宪法化,成为宪法本身内在的"根本规范"。芦部的这个制宪权理论,是在既批判了传统法律实证主义,又针对性地反思了施米特理论基础之上产生的,比施米特的制宪权理论更为完善、更为丰满,也更具说服力。

以上的论述,我讲得有点过于冗长,耗去了自己的时间。讲到这里时,主持人何海波君也打断了我,提醒我要抓紧时间。但我笑道:很抱歉,本来下面是火力重点,更猛烈呢。全场笑了。

这时,我开始转向对端洪的"政治宪法学"之方法论的根本性批评:

第三,与施米特的政治法学一样,端洪教授的理论也可能将"研究对象的政治性"与"研究方法的政治性"混为一谈,而没有以"方法的规范性"去对处"对象的政治性"。这一点是政治宪法学与规范宪法学在方法论上的根本区别,也是政治法学不同于规范法学的内在缺陷。尤其是端洪教授所推崇备至的施米特式的政治宪法学,在方法论上是危险的,在历史上也是失败的,甚至曾经成为纳粹极权政治的理论帮凶,至少也应说是遭受纳粹极权政治的不当利用。从这个意义上而言,即便施米特是"药",那也只是"毒药"。这种政治法学理论,充其量只能对政治现象做出合理说明,却又不知不觉地将现实中的政治现象加以正当化,正如端洪教授自己今晚所言的那样,是"通过论证说服了自己",而实际上并没有,也不可能真正解决了现实中的什么问题，相反，是默然地服膺于现实中的政治实力；而且，从这种理论产生的历史背景来看，施米特的决断主义政治法学是产生于危难时期，但却没有避免危难，反而走向相反的方向，迄今还没有成功的历史记录；与其说当下的中国需要"决断主义"，倒不如说需要的是规范主义，因为要说当下中国真正最根本的宪法问题，那就是公共权力几乎没有受到有效的制约，这在新近从网络中曝光出来的烟草局局长以及什么科长的"性爱日记"中都能得到印证，为此，如何依据法的规范，合理地限制那种野性的、几乎不受有效限制的公共权力，就成为我们这一时代宪法学应该直面的主题。从这一点上说，指责中国当下宪法学，尤其是规范宪法学没有看到"真实的宪法问题"，未必确当。

我的点评就这样快意地结束了。

事后，我也曾一度担心自己的这些点评是否过激，以致有失我们中国人所推重的待客之道。但平心而论，我并没有全盘否定端洪教授这几年在宪法学领域中所提出的所有学术观点，平时更不反对宪法学应该适当吸收其他学科的方法，包括政治学的方法。然而，对于端洪当晚所高谈阔论的一些观点以及它所显现的立场倾向，我则深感焦虑，加之当时在台下隐忍已久，为此对他的回击也就不断趋于激越，直至最后在方法论基础上对其"釜底抽薪"。

但这位怪才，已不是我十多年前在香港的一家酒店第一次遇到时还抽着香烟、并对现实深怀忧虑的那个"愤青"，也不是只带来普通的长矛就来挑战风车的堂吉诃德——他毕竟已经练成了处变不惊的功力，为此还是硬着头皮接下去回应。

首先,他为自己没有注意到国内宪法学界已有人"引进"了制宪权概念与理论而坦然道歉,也为没有完整到施米特之后的制宪权理论表示遗憾,甚至同意施米特式的"政治法学"迄今还没有成功的历史记录。不得不说,这就是端洪作为一个学人的纯粹之处,也是过人之处。但他还是坚持认为,如果规范法学认同了"制宪权"这个概念,那就是这个理论"自身的不彻底"。显然,这位老兄是将"规范主义法学"限定理解为凯尔森式的纯粹法学了。殊不知,凯尔森法学充其量只是规范主义法学之一种,而在学说史上,自然法学派领域中的规范主义立场也不可忽视,只是在规范技术的成就上难以望实证主义法学之项背而已。

在整个回应环节中,端洪多少有些期期艾艾,为此高全喜教授多次出手帮他"打援",使我直陷"腹背受敌"的危势之中。情急之下,我要求与端洪教授同台,"一句对一句"地进行辩论,最后还采用归谬法乱其阵脚。

我说:我知道你对卢梭是有过"深读"的,但卢梭是偏激的,施米特也是偏激的,我就不知道你为什么研究卢梭就爱上卢梭,研究施米特就爱上施米特。如果你去研究希特勒……

听众发出会心的笑声,但端洪却不容置疑地说:如果你不爱他,你怎么想去研究他?

我说,那是学术研究中的"皮格马利翁效应"。难道医生研究病痛,也要爱上病痛?犯罪学家研究犯罪,也要爱上犯罪吗?

台下掀起一片笑浪。

尾声尚未到来

那是一场艰辛的激辩。直到最后,双方都感到意犹未尽。

是的,成熟的学者,总是需要论敌的,但往往只限于和那种在学术上是真诚的,通过交锋有可能真正裨益于自身理论之检讨与展开,而又无伤大雅,学术分歧不至于演化为个人恩怨的论敌进行名副其实的学术争论。虽然我未敢自谓成熟,但必须承认,对于我来说,端洪教授正是这样可贵的论敌。

当然,对于这位学术上的诤友而言,这场交锋也意味着,他的有关政治宪法学理论,虽然可以在晚近的许多讲坛上获得许多学子的喝彩,而且施米特式独特的思考体系以及流丽的语言风格本身,也尤其容易在迷茫的时代语境之中博得年轻人的倾心,但在这次,却引发了一场激辩,而且可谓是我国近年法学界中颇为罕见的一场激辩。唯令人感慨的是,已有"施米特控"的端洪教授与我的这次交锋,居然在某种类似于"山寨版"的通俗意义上,重新演绎或曰延伸了昔日施米特与凯尔森之间的对决。不知这两位真正的法学巨匠如果地下有知,将作如何感想;也不知倘若他们当年做过真正充分的直接交锋,是否可以在一定程度上减免学术与政治特别交错之后的那种惨重代价。

当然,就像自己来不及全面阅读端洪的著述那样,端洪或许也没有真正了解到:至少我所主张的规范宪法学,其实在承认宪法作为"政治法"的特质,承认宪法规范内部的有价值性以及这种价值的有序性,并且认同可以相应地吸收道德哲学的,甚至社会学的、政治学的具体方法作为法学方法的补充等诸多方面，与凯尔森的纯粹法学可谓判然有别；二者相同的、事实上这几年也被一些粗心的学者误解为如出一辙的地方，除了规范主义的立场之外，乃在于同样高度重视法的规范技术，还有，就是在不同程度上将新康德主义的"二元方法论"作为方法论上的思考起点之一。但凯尔森法学曾经为了"方法上的彻底"，将这些加以绝对化，而我所理解的"规范宪法学"，则仅仅主张应该在吸收政治学的、社会学的方法的同时，警惕将"事实命题"与"规范性命题"混为一谈，尤其需要力戒从事实命题中无媒介地直接推导出规范性命题，由此据以在方法论上守备规范主义的基本立场。今天看来，昔日萌生的这种问题意识在当今中国法学中的重要性，现在终于彻底应验了，无论是"全端轰"，还是"强势攻"，正是自我陷入这种方法论上危险的泥潭之中。

有鉴于此，我事后在自己的博客中写道："岂有文章觉天下，忍将功名误苍生！"——也许我多虑了，也许我过度地将学术研究自身的伦理规范问题转换理解为价值立场的潜在效果问题，但为了"安全"起见，在此还是要呼吁一下我的弟子：我们的规范宪法学宁为无用之黄钟，也勿为误民之瓦釜；守住一份寂寞，且看历史洪流；如果眼下时代的种种客观条件一时还无法承接并支撑这种真正可贵的皇皇正论，那也绝非吾侪独有的悲哀，根本无须自令放为。

而前文提及的周林刚，事后则在他的博文中以"激烈，但……不精彩"的标题，不无遗憾地评价了这场激辩。这位在我看来多少还有点茫然地怀有更多期待的年轻学人指出：我当时其实是被陈端洪教授与自己的理论分歧完全吸引住了，以至于没有把握对方的另外一些理论上的要点与软肋，也忽略了高全喜教授在他简约的发言中所可能提供的理论出路。

此外，舌战之后的第三天，我在博客上发表了一篇记叙性的短文，端洪教授也特地委托田飞龙在文后留言道，这次"我们的对话没能充分展开，这只能期待以后了"。

是的，这场交锋，也许仅仅只是打破了沉寂之后的又一种沉寂——它的尾声，尚未到来。

2010 年 4 月 20 日落笔于南社

2010 年 4 月 24 日修订于济南

人民会堕落吗？ *
与高全喜教授商榷

按语：

近来，在法政学界中，"政治宪法学"的活动异常活跃。继在人大法学院所做的一场演讲之后，高全喜教授数日前又在北大法学院的一个空气燥热的教室里做了一场题为《人民也会腐化堕落》的学术演讲，被列为是他及陈端洪教授等人所提出的"政治宪法学"在近期的第四场主题演讲。我与陈端洪、任剑涛等教授均应主办方之邀，前去做点评。老高讲的内容就是题目中所说的：人民也会腐化堕落，而且现在中国人民已经腐化堕落了。讲完了，他就谦虚地等待点评。我被推做第一个点评，内容主要是批评。

我的批评是坦诚的，恰好也弥补了上次他在人大法学院做了演讲之后据说没人提出批评的那点遗憾。当时圈内人都说，再这样下去，端洪、老高他们的政治宪法学就得"孤独求败"了。

---

* 原为 2010 年 7 月 2 日发表的一篇博文，乃根据北大法学社提供的现场录音整理而成的，在此表示谢意。现有订正。

然而，他们毕竟是书生，凑的是热闹，有的是雅量，何况根据我的体会，"不怕挨批，就看谁批"乃是学术界的潜规则之一，好友之间批一批无伤大雅。

可惜，高全喜居然像尼采宣告"上帝死了"那样，宣告"人民腐化堕落了"。对此，我不能苟同。

以下就是那天的点评。

非常高兴来到北大参加这次的讲座。高全喜教授我非常熟悉，我们的私人关系也非常好。今天非常愉快听到他的讲座，听到他振聋发聩的高论，包括一些错误的"高论"。

端洪教授、全喜教授等一批政法学界的学者在晚近引入的一个概念，叫"政治宪法学"，这个我觉得是有意义的。作为一个宪法学人，我对此也表示关注，并且对他们的努力表示赞赏，因为一种新的发现视角、新的研究进路的提出，可能对学术的发展是有裨益的。但是，难以容忍的是，目前正在成型中的政治宪法学往往提出了一些值得商榷的观点，甚至说是有害的观点。今日高全喜教授的观点就可能如此，只不过有言在先：他错误观点的有害性比端洪教授少了一些，可是也是值得商榷的。我深知全喜教授有雅量，我想在此坦诚指出。

如果说全喜教授的这篇论文存在硬伤，那么最大的一个硬伤可能是混乱——它内在的逻辑是混乱的。

第一，据他描述，"人民"有四个形态，但总归一句话：人民是拟制的。什么是拟制的呢？他又指出那就是"抽象"的，是"宪法当中的

142

上帝"。这值得商榷了：既然是拟制的，尤其是抽象的，这样一个主体会堕落吗？不会的！大家请注意，只要是抽象的人民，它永不会堕落。会堕落的往往是具体的主体，如一个一个的人，像全喜教授今天所提到的赵本山，或卢梭在《社会契约论》中所说的那种"人民"，那才可能堕落。而抽象的、高度概念化了的人民，是不可能堕落的，也不可能允许它堕落，即在宪法政治观念的拟制结构中，就不可能允许它堕落。具体到全喜教授所描述的"人民"的四种形态，无论是作为主权者的人民，还是作为所谓"制宪权代表"——当然这个表述是错的，其实应该说是"制宪权的归属主体"——这样意义上的人民，都是不可能堕落的，或不可能允许它堕落的。这是第一点。

第二，高全喜教授虽然从四种形态上描述了"人民"的形象，但我认为，在宪法学上，这种描述还是不全面的，而且是有偏向的，这种偏向直接导致了他上述观点的形成。我们说，"人民"这个概念要描述起来是无比复杂的。我在 2006 年开始，就曾经做一个专题，已经连续几次在课堂上给同学们讲过这个专题了，即《公法上的人》。但直到现在，我仍然不敢下笔去写这个论文。我已经先写出了《人的尊严与人格尊严》一文了，但仍然不敢写《公法上的人》。因为这个问题是非常难处理的，我还没处理好。

而"人民"，就是公法上的人的一种形象。当然除了"人民"之外，公法上的人在我国还有"公民"，也还有"人"，即自然人的形象，追溯到历史上还有"臣民""国民"等形象。而我们要了解人民的概念，就必须梳理人民与这些概念之间的关系，比如人民与"国民"、"公民"、与"任何人"之间的关系。通过这样一个比较澄清，才能使人民的形象真正凸显出来。对于人民这个概念的外部而言是这样的。而对于人民概念内部而言，人民的概念就更加复杂。不同的时期，不同的国度，不同的宪法规范上，可能就存在着不同的人民形象。而老高仅仅只梳理到当下中国的人民形象。他也谈到古罗马，也谈到了历史上专制时期的人民形象，但着重谈到当下我国，而且有时是具体意义上的人民，最后又说是抽象的人民。也就是说，他对于"人民"概念的把握是飘忽不定的——飘忽于具体与抽象之间。

其实，"人民"还有更多不同的形象。现代美国权威的政治学家萨托利就曾经从政治学的角度，总结过六种"人民"的含义，也可以说是六种的"人民"的形象。而从宪法学角度而言，情形也比较复杂，这里仅仅指出其中五种在宪法学上具有重要意义的"人民"的形象。第一，卢梭所讲的人民；第二，西耶斯所讲的人民，它跟卢梭的不同；第三，美国宪法上所讲的people，包括美国宪法序言开头写到的"We the people..."；第四，中华民国时期大部分宪法性文件上的"人民"。第五，当今我国宪法上的"人民"。这五种"人民"，均各不相同。我们可以去比较，比较完了就是一篇很好的论文，而且是一篇真正地道的宪法学论文。

可是全喜教授没有这样做。没有这样做也未尝不可，但问题是，迄今为止，我国"政治宪法学"的最大弊病就是往往无视规范——包括既无视中国的宪法条文，也无视外国的宪法条文，更没有透过宪法规范去分析、把握规范性原理。今天的讲演就是这样。其实，美国宪法上的人民，主要的面目就是具体的人民，具有独立意志的人民，有自己的意志能力的人民，而且既作为主权归属主体，也作为权利享有主体，即人权享有主体。可是卢梭所讲的"人民"就有所不同，它虽然也是具体的、具有独立的意志能力的，但仅仅侧重于是主权归属主体，因此卢梭的"人民"在法国大革命之后就无法进入宪法，最终进入近代宪法的不是卢梭的"人民"（people），而是"国民"（nation），为此主权就是属于"国民全体"。这个概念曾直接影响到我们中国，尤其民国。我们为何要追溯到近代外国，原因也就在这里。民国时期，我国大部分的宪法文本是规定主权主体属于"国民全体"的，"人民"也在当时的宪法性文件当中出现，并被作为有意志主体的人，但差不多都是作为基本权利享有主体的。这跟我们新中国的"人民"又不一样了。新中国宪法上的"人民"虽然在英语上也翻译作 people，但它和美国的 people 根本不同——我在课堂上就曾反复讲过这一点，因为在我国不能讲"一个人民""两个人民"，或"许多人民"；但是英语里面讲 one person，two people，many people。则可以讲得通。也就是中国现在所讲的"人民"既跟民国时期的不同，也跟美国的那个不同，跟卢梭的以及西耶斯的"人民"也有所不同。凡此种种，在宪法上均需要分别，而老高没有这样做，他仅仅看到了"人民"的某一个方面或某些方面，而且将其描述成飘忽不定的一种形象。

第三，老高的这个观点也可能是有害的。他提出一个如此悲观的结论，意思就是"人民""伟大的人民"现在已经暗弱无能了，腐化堕落了；然后他又无法为走出这种困境指明一个出路。本来，"政治宪法学"虽然晚近刚刚出现，但其所标榜的理论似乎具有一种很大的雄心，甚至可以说是"野心"——即认为自己有能力解决现实政治当中的许多重大现实问题。但试问，在这里它能解决什么问题？断言"人民"腐化堕落了,这能解决什么问题? 我觉得不但不能解决问题,反而只会徒增烦恼。除了抱膝长叹、顾影自怜,自甘堕落,能解决什么问题?!

再说,你把"人民"的神像都捣毁了,这在理论上有何意图呢? 我不同意政治宪法学,但我还是认为,你们政治宪法学最好不要把"人民"的神像给轻易捣毁了,不但不能捣毁,而且要维持其神圣化、图腾化。这是因为,宪法学本身都有一定的自我正当化的主体,比如说宪法解释学,它无论如何都不会把"宪法文本"当成是错误的文本,即使知道现行宪法里面许多条文连标点符号都搞错了,还要打落牙齿和血吞,硬要说这个宪法是神圣的,然后才能对它进行解释。而在我看来,你们的政治宪法学,则必须把"人民"的形象高高抬起,如果把"人民"这样具有高度政治意义的形象都捣毁了,那等于是自毁根基,不仅可能在理论上没有了出路,在实际上也是很危险的。为什么? 因为你草率地将正当性根源的观念加以消解了,这只会导致宪政秩序变成了一盘"死棋",即使从所谓的"宪政发生学"上来看,也没有其他什么出路,只能等待不受约束的政治实力之间的较量,这就与端洪教授的那种施米特式的"政治宪法学"完全走在一块了。

当然,除此之外还可能有一条出路,但这种出路也是非常危险的。这在我国历史上已有先例:当年梁启超认识到中国人民"民智未开"的时候,尤其是他在流亡日本期间访问美国旧金山的那段时间,就更觉得中国人有国民的劣根性,为此刚刚在日本沐浴各种新理论的他,又退回到宿命论式的保守主义立场上去。他的"新民论"就是在这种背景下提出的,认为必须"塑造"新民;孙中山也认识到人民是"一盘散沙"，为此也有"军政、训政、宪政"三阶段理论，根据其中的训政观，一批先知先觉的精英分子应该作为人民的导师，对人民进行训练，但这个训政论在进入实践领域之后，其结果是长期走进了一个怪圈：人民变成了被教化的、被动员、被利用、被放逐的主权归属主体。

在这个意义上，我们也要谨防老高今天所提出的理论，因为当他像一个政治上的道学先生一样，站在道德的制高点上，公然宣布"人民堕落了"，那接下去我们该怎么办呢？似乎只好叩求老高这样的"高人"来担任人民的导师了，这就非常危险了！

自由主义的败家女？

想在这个题目之下批评一下李银河
教授的"换偶自由"论，又担心过于严苛，
但竟在百度上查知：现如今，"败家女"一
词未必就是贬义词，而且都已有"败家女
时尚网"了。

——题记

人类的法律与道德总在反复推手，以确定彼此之间的楚河汉界。但李银河教授对涉及这一问题的观点则甚为明快。她曾在一篇题为《换偶问题》的博文中提出："换偶活动是少数成年人自愿选择的一种娱乐活动或生活方式，它没有违反性学三原则（自愿、私密、成人之间），它是公民的合法权利。"此外她还曾经在媒体上断言：如果"换偶"触犯了某个法律，那也是法律本身有问题。

"性学三原则"：滥觞与界限

我们不能像单纯的卫道士一样反对李教授，但从法律的学理上而言，她的这种观点（姑且称为"换偶自由"观）本身，则有诸多值得商榷之点。

首先，我们来看一下李教授"换偶自由观"的依据。这种依据主要就是她一向奉为圭臬的"性学三原则"，即某一种性行为，只要是自愿的、私密的，而且是发生在成人之间的，就是正当的（其实在逻辑上依次表述为"成人之间、自愿、私密"似乎更为剀切）。

诚然，此等准则，其来有自，可以追溯到1957年英国的《沃尔芬登报告》。其大致背景是这样的：在20世纪40年代以后的英国，同性恋以及卖淫的社会问题不断受到公众的重视，为此1954年国会任命了一个特别委员会——以议员沃尔芬登（Wolfenden）牵头组成的"同性恋犯罪和卖淫调查委员会"（故也被简称为"沃尔芬登委员会"）去调查同性恋与卖淫问题，并就此提出法律改革的立法建议。结果调查，该委员会于1957年提出了该报告，建议对有关同性恋和卖淫的法律制度进行改革，具体内容是，不应继续把同性恋和卖淫的行为作为犯罪行为加以处罚，但是应通过一项法律禁止公开卖淫等。其中，该报告写道：法律的功能主要是维护公共秩序，保护人民免受侵害；如果成年人是私下而且是自愿地进行同性恋或卖淫行为，就不存在侵害公共秩序的问题，因此，法律就不应当加以惩罚。这就是相当于李教授所谓的"成人之间、自愿、私密"三原则了，但准确地说，这其实只是卖淫等性行为在法律上要得到非罪化的三个要件。

有必要顺便说一下的是，这份报告出来之后，一度也曾受到了一位名曰德富林的法官的批评，他不同意《沃尔芬登报告》中提及的"三要件"，而认为同性恋和卖淫的行为违背了社会道德以及多数人的道德见解，因此可以在刑法上加以处罚。应该说，当今中国的有关主流观点还与此颇为类似。但对于这个观点，当时英国法学界的权威学者哈特则挺身而出，与德富林法官展开了一场著名的争论，维护了《沃尔芬登报告》的这个主张，促使它成功地成为主流，推动了英美20世纪五六十年代同性恋以及卖淫行为的非罪化立法潮流。德富林法官本人也在1965年公开登报声明放弃自己先前的保守主张。

作为法理学家，哈特也并没有将《沃尔芬登报告》所提出的"三要件"奉为圭臬。他的观点是，对自由的限制与人的痛苦一样，都是一种恶害，为此，要用法律去限制自由，就需要正当化，而在这一点上，他支持伟大的思想家密尔在《自由论》中所提出的那种正当化原理，即："对于文明社会中的成员，得以不惜违反其意志而正当地行使权力的唯一目的，乃在于为了防止对他人构成危害。"这就是他认为可以作为限制一切自由的所谓的"危害防止原则"。简言之，哈特之所以同意卖淫行为的非罪化，并非因为基于"成人之间、自愿、私密"这三要件，而是基于这个更为根本的"危害防止原则"。相形之下，"三要件"本身就需要正当化，而且最终也是基于这个危害防止原则推导出来的。为此李银河教授将其上升为完整性的、广泛性的"性学三原则"，这就难免存在问题了。

存在什么问题呢？这是我们接下来要探讨的内容。

首先，"性学三原则"在道德哲学上是极有争议的。康德就曾经明确反对过成人男女双方基于满足自己欲望所发生的婚外性行为，哪怕他们相互达成合意。众所周知，在康德看来，将"人作为目的本身"应是人类最高的道德准则（绝对命令），为此他认为"人不能随意支配自己,因为他不是物,不是自己的财产",即使基于成人男女之间双方私下的同意而发生婚外的性行为,也是将对方对象化,从而贬低了对方的人性。康德的这种性学见解可能被认为过于保守,但他从人格尊严的立场厘定人类性自由之界限的观点,对当今德国相关的宪法判例仍有重大影响,也值得我们深思。

其次,法律作为一种人类文明的结晶,也与人类的道德文明、禁忌文明是分不开的,如果从这个立场考虑,李银河教授的"性学三原则",至多也只能作为人类部分性行为非罪化的标准,而要作为普遍衡量人类所有性行为是否可以合法化的准则,那还不够格。比如,某些危险的SM(虐恋)行为、乱伦行为等,即使符合三原则,也还是很难加以合法化的。事实也是如此,法国社会学大师涂尔干在《乱伦禁忌及其起源》一书中就承认,在绝大多数现代文明社会中,乱伦不仅为法律所禁止,而且还被视为所有不道德行为中最为严重的一种。我们也会发现,即使现代许多文明国家或社会,其刑法仍然在惩罚乱伦行为,尤其是血亲之间的乱伦行为,这其中除了英美之外,还包括德国、意大利、瑞士、加拿大以及我国香港特区等。中国现行刑法没有设定"乱伦罪",但传统中国社会的法律与道德均曾严厉禁止乱伦,目前也有学者呼吁应该在刑法中增设"乱伦"罪。

法律评价是有多层等级的

至于李教授基于"性学三原则"断言"换偶"行为乃是"公民的合法权利",这在学理上也是说不通的。因为从法理上说,即使"性学三原则"可以作为"换偶行为"非罪化的要件,但某种行为不被处以刑罚,未必就等于直接可以被视为一项自由权利。对此,我们可以具体分析一下法律对人类行为评价的梯度结构,就会发现它是有严密逻辑体系的,其中至少包含如下五个逐级递进的层级:

第一,以刑罚对某种行为加以全面严厉禁止。如现代许多文明国家对血亲乱伦行为的法律规定。

第二,对某种行为的一般形态不再以刑法加以处罚了,即该行为得到了部分非罪化,但对其中的特别形态,仍以刑罚加以禁止。如包括英国在内,当今许多文明国家对一般的卖淫行为虽然予以非罪化了,但对控制卖淫或经营卖淫行业等特定的行为,仍施以刑罚。

第三,对某种行为的所有形态均不以刑法加以处罚了,即该行为得到了全面非罪化,但仍属于一般的违法行为。如许多国家对待通奸的行为。

第四,对于某种行为,法律不再予以明确禁止,但在法理立场上,也不予以鼓励和完全保护。如大部分国家的法律对于婚前同居行为,就是如此。

第五,法律不予以明确禁止,并且基于"法不禁止即自由"的原理,可理解为属于一种自由。如一般国家对夫妻避孕行为的法律态度(但美国是自 1965 年格里斯沃尔德诉康涅狄格州案在联邦最高法院作出判决之后才这样的)。

基于自己的学术良心,鄙人谨慎地认为,像"换偶行为"乃至一般的卖淫行为(除控制卖淫或经营卖淫行业等特别的行为之外)之类的行为，如果可以满足"成人之间、自愿、私密"这三个要件，我国法律的确应考虑加以非罪化，并采用上述的第三种或第四种等级加以对待，但这不等于说，该类行为就可直接享有第五种等级的对待，即不等于它就属于一种自由权利了。而李银河教授显然可能忽视了法律评价等级的这种内部结构，为此混淆了"罪刑化""非罪化""合法化""自由化"等概念之间的重要差别。

当然，李银河教授毕竟不是法律专业出身的，为此以法律专业的标准去苛求她，是不合情理的，尽管李教授本来是自己涉足法律的问题，有必要对其论证承担责任。但问题在于不仅如此，她还可能混淆了法律上的"合法"与道德上的"正当"之间的区别，这就更不应该了。

在法律与道德的关系上，鄙人认为：法律确实应该严格区分公共道德与私人道德的领域，将自己规范的对象与效力限定于公共道德领域中的特定范围，以此维护道德的底线，而不应贸然介入私人道德的领域；而私人道德领域中的事务，则应委之于行为者个人的自律的理性选择，并由行为者个人自主地承担责任。与此相应，法律的评价也不应完全排斥或取代道德的评价，尤其是在我国目前这样正处于所谓的被描述为"道德全面滑坡"的社会语境之下，这一点尤为重要。而就换偶问题而言，如前所论，法律可将其加以非罪化，乃至列为德国当代著名学者阿历克西所言的"不受保护性法律自由"（unprotected legal liberty），但由于其至少可能涉及第三人甚至更多权利主体的权利，为此其本身未必完全属于私人道德领域中的一种行为，即使就是属于这种行为，也仍然有必要接受社会成员可能基于性道德见解的各种评判，其中包括赞同、容忍或反对。

即使不问理论上的错误

我承认，以上是基于理论上的、多少有些生硬的批评。

我也认识到：由于这种批评过于理性化，反而会招致当代女性主义（过去曾叫"女权主义"）的反诘。但是，诚如哈贝马斯等人所主张的那样，适度理性还是重要的，否则任何主张都可能难以得到他人的有效认同，甚至难以得到人们的有效讨论。李教授观点的宿命却往往如此。它通常被作为一种惊世骇俗的过激言论，在各种传媒上引起重大反响，但强烈的反对者与其坚定的支持者一样，大多为情绪化了的一批人，其中还可能包括一部分几乎缺乏理性讨论能力或说理能力的网上"骂民"，或网络语言的"暴民"。平心而论，即使对于那批支持者，我们无论如何也不能忽视其作为人格意义上的存在，也不能忽视其情绪性的诉求，然而，倘若某种观点本质上就是一种"情绪宣言"，只会引起广泛的情绪性的共鸣或同样情绪性的反对，那么这对于公共领域中的理性商谈而言，就很难说是一种理想的情境。

陋见以为，李教授见解的最大问题或许就在这里，即：在当今中国这样一个特定的社会语境之中，该见解一方面既注定见弃于正统的政治意识形态；另一方面更重要的是它又无力获得公共论坛上的理性讨论，只是白白"吹皱了一池春水"——不，也可能是一池"浑水"，从而并没有裨益于公共论坛秩序的形成。诚然，李教授的见解也可能传播了自由主义的思想，展现了自由主义的风采，但需要注意的是：自由主义的思想自传入中国以来，就在这个国度里不断碰壁，而如今比"换偶自由"更为重要的自由权利也还有待于确立和保障，在这种情形之下，力主"换偶自由观"，不啻为一种奢谈，它恰好可能授人以柄，使自由主义继续，甚至可能进一步被误解，认为它果然只是一种主张"放任自流"的、"为所欲为"的、冲击正统秩序的观念或欲望。

从这一意义上而言，吾侪不知是否可以说：李教授庶几近乎当今中国自由主义内部阵营中的一位"败家女"耶？

学者该如何批评法官？ *

　　近日所谓"教授怒骂法官"一事，在法律界一片沸然，以致愈演愈烈，大有可能造成学者与法官这两个群体在立场上发生严重对峙之势，陡然打破了许多人休闲消夏的节奏。

　　在强烈好奇心的驱动之下，笔者极不完整地浏览了网络上的一些相关评论，其中印象最深者乃是数位法官对孟勤国教授及《法学评论》期刊不依不饶的批评，直为那种"死磕"的精神大为兴叹。是的，在社会失范现象十分严重的当今中国，遭遇情急时，律师会跳脚，学者都骂人，法官也"死磕"，这背后便是当下中国的世道人心！

　　及后，又读到作为涉事者一方的《法学评论》主编秦前红教授的声明等文字，深感此事不仅涉及法律制度上的有关问题，还涉及诸君业已看到的一些学术规范问题，其中既包括学理性、技术性的学术规范，也包括学术伦理规范，为此颇难评判。但作为一介学人，对此如鲠在喉，不吐不快，为此率尔操觚，贸然为文。

---

　　* 2015 年夏，国内法律界发生了一件事件：武汉大学法学院孟勤国教授在其所在学院承办的学术期刊《法学评论》上发表正式论文，强烈批评其所代理的一宗案件的判决及法官，并引起争议。原文曾题为"批评法官应受何种学术规范约束"，刊载于《检察日报》2015 年 8 月 11 日学术版，参与了这场争论。此为底稿。

一、"法官的法官"

首先要明确一点：教授是否可以批评司法判决？

一般而言，为了保障司法审判的独立和公正，对于任何待决的司法案件，任何人（即使是作为该案件审判人员的法官），均不宜在法庭之外对案件进行轻率的评论，除非个别特殊的情形，如某项司法裁判一旦作出即可能造成无可挽回的严重后果。当然，这里说的只是评论，至于对案件的事实情况（即所谓案情）进行客观的叙述和转介，则不在此限，新闻报道就是如此。

但是，对于已经终审判决的案件，任何人均可以作出合理的评论。这不仅是为了保障言论自由，也是公众有权对司法进行有效监督之所需，尤其是学者对这种司法裁判的评论，包括批判性的评论，既是基于学术自由所赋予的一项重要权利，也是推动司法判例学理研究、法律制度不断进步的一个重要途径。在这一层意义上而言，作为所谓"在野的法律人"，学者在自己的头顶上虽无法官尊荣的光环，但在精神意义的层面上，则可谓"法官的法官"。

正因为这样，许多国家的法学期刊，往往专辟《案例研析》之类的栏目，许多国家大学的法学院，亦相应开设《案例研究》之类的课程，以供法律学人专门从事这种学术活动。值得指出的是，在当今中国，虽然不存在严格意义上的判例法制度，但一种准判例制度（即案例指导制度）则已开始付诸实践，加之由于长期以来司法不公现象较为显在化，司法裁判评论的重要意义更应得到充分的认肯。至于那种认为"法律上的事情，就让它在法律程序中解决"，除了法官任何人均无权置喙的见解,则失之褊狭。我们同意,具有法律效力的法律判断确实应交由司法机关按照法定程序作出,任何主体均不得干预,但这仍不能排除公众在嗣后可以对相关案件以及有关司法判断进行合理地评判,尤其是学者们的学理研判。

二、批评法官的限度

问题的关键则在于,为了保护司法的权威,学者对已决案件的评论是否也应该受到一定的限制？这是本文接下来要谈的第二点。

对此,公正的答案应该是肯定的,尤其是那种批判性的评论,理当受到更多的限制。当然,有关这一点,各国做法也存在差异,在许多英联邦国家的司法制度下,为了保护司法权威,限制的倾向较为突出;而在同为普通法国家的美国,由于其宪法第一修正案具有极为重要的地位,为此相对较为重视保护言论自由,而这种限制则略为微弱一些。具体到目前中国的相关制度与现实国情,由于尚无侮辱法庭罪等相关的实定法机制,现实中对司法裁判的批判所受的限制也较为微弱。

但公允地说,基于维护司法权威的立场,必要的限制还是应该的。尤其是在当今的中国,司法权威的失坠现象十分严重,司法人员承受着巨大压力,究其原因,这种情形与司法腐败、司法不公不无干系,但除此之外,尚有其他更为复杂的社会性、制度性的根源,不能完全归咎于司法内部本身。这就注定了:确立和修复司法权威,加强司法人员的职业保障,应该成为一项多方面合力的系统工程,而作为制度建设的一端,合理规制对司法裁判的不当批评,则应成为题中应有之义。

具体而言，学者对司法裁判的评论当然可含有批判性的分析判断，但不能对法官本身进行辱骂，对其人身进行攻击。质言之，尽管在公众的伦理感觉中，批评司法裁判与批评法官几乎是一回事，但从严格的意义而言，二者是不同的，应该严格区分；在严肃的学术写作中，一般也不通过个别案件的研判，对法官的职务行为或专业水准做出概括性的负面评判，除非你掌握足够的证据，那不排除这种评判可通过其他途径、以其他方式作出；学术性的案例研析甚至不应该透过个别性的裁判本身，对法官裁判的动机进行负面的推断。换言之，严肃的案例评析应该避免做出国人所擅长的"诛心之论"。

这里需要澄清的一个既相关、但又不完全相同的问题是：学者在批判某个特定的司法裁判时，是否可以允许情绪化的、主观性较强的评论？如孟勤国教授在那篇引发了争议的文章中采用了"法官们的良心逐渐销褪""法官们强词夺理""法官位高胆大""巧言令色""裁判结果无理和不公""荒谬至极""荒唐至极"等表述是否适宜？这主要就涉及学术的技术性规范了。

自古以来，嬉笑怒骂就是中国文人的一种特权，而"嬉笑怒骂皆成文章"，更成为文人的一种风采。但按照现代学术规范的要求，一般而言，在正式的学术写作或学术讨论中，学者应该高度忌讳这种倾向的评论，因为这本身则是为了维护学术见解的中立性和公正性之所必需。

当然，吾侪也应体悟到：学者并不可能总是处于严格的学术判断之中，为此，得益于言论自由的保障，在那些非学术性，或学术性程度较低的言说中,他们自然也可像引车卖浆者流一样,进行这类主观色彩较强的评议。这里的关键,只是需要区分严格意义上的学术作品(学术论文、案例评析等)与其他类型的评论(普通评论、学术随笔等)之间的差异。

遗憾的是,在当今中国学术界,许多学人以及不少学术期刊,往往将上述两者混为一谈!此事殊为重大,虽于司法权威未必有害,但于学术研究绝对无益,

三、一个学术伦理规范问题

最后无法回避的一个问题是:作为特定案件的代理人,学者是否可以通过学术期刊对已决案件的司法裁判发表评论?这个问题同样既涉及学者个人,也涉及学术期刊的学术规范问题,而且还是学术伦理规范的问题,值得探究。

应该看到,学者通过学术平台,尤其是通过作为"学术公器"的学术期刊对自己曾经代理过的已决案件的司法裁判发表评论,似乎颇有"利用职务便利"之嫌,为此难免招致质疑。但以鄙人陋见,只要这种评论确实属于严肃的、公正的学术研究的范畴,而不存在或主要基于其他非学术性的利益关系,则不构成个人的特殊身份与学术研究的公信力之间的冲突,也不违反不应利用有限的公共学术资源谋取私人利益的学术伦理规范。换言之,上述的这种行为还是不能一概予以否定的。

这一点,在国外学术界可能看的更为明显。当今许多国家的大学(尤其是公立大学)均在一定程度上限制本校的法学教授单纯为了

对价性的金钱报酬而在社会上为他人提供法律服务，但并不限制他们为了一定的公共利益（包括为了科研或教学上的需要）适当参加司法活动（包括代理案件），并在事后有针对性地发表相关内容的学术著述。亚伦·德肖维茨的《合理的怀疑：从辛普森案批判美国司法体系》一书，就是这样诞生的。

这一学术伦理规范的合理性不难理解。正如已有人剀切地指出的那样：学者适当地参与司法活动，有助于他们对相关个案进行深入研究，并因而更有资格对相关案件及其司法裁判作出公正的评判。当然，如上所述，它至少需要一个前提，即个人事先参与司法活动本身也是基于公益的目的，以此来保证其学术见解的中立性与公正性。

反观所谓的"教授怒骂法官"事件，这可能属于这个时代我们所"目睹之怪现状"之一了吧，其制度性的背景应该深远得很。对此，鄙人并没有时间及能力去全面了解，甚至没有充分研读孟勤国教授那篇文章并核实其中所评论的事实内容，为此本文并没有资格具体针对任何特定的主体作出评判，主要只是倾向于探讨一个属于一般性的学理问题，即：批评法官应该受到何种学术规范的约束。

需要再三声明的还有一点：由于文中使用了"法官也'死磕'"之类的表述，本文自然也不是一篇严格意义上的学术作品，充其量只能算是一篇旨在为诸君在苦夏"消火"的学术随笔罢了。

警惕法律实力主义 *

在法律的观念世界里,何种立场最为可怕?以笔者这样一个生活在当今中国转型期的法律学人的体验而言,窃以为,法律实力主义最为可怕。也就是说,最为可怕的并非部分人通常所误认为的法律实证主义,而只是法律实力主义。

吾侪知道,除了个别"疯狂的特例"之外,特定的国家或特定的社会在特定的历史时期,一般都会拥有特定的法秩序。这里所言的"特定的法秩序",乃是德国流的一种理论表述,比如拉伦茨在《法学方法论》一书的开篇就采用了这种用语,若以地道的中国式说法说来,即相当于"现行法律体系"。在那些具有深厚的法治传统的国家,这种"特定的法秩序"之中的法,其构成非常复杂,其历史的底蕴也非常深厚,在大多的社会成员看来,这种法的秩序之中,就蕴含了一代又一代被传承下来的先人的智慧,甚至蕴含了神法的余韵,蕴含了上帝或良知的声音,至少也折射了人类理性的、属于已被正当化的权威的意志。但当今中国,所谓"中华法系"(其实是由日本明治时期法学家穗

---

* 原文曾题为《超实在法的法》,载于《法制日报》2007 年 4 月 22 日周末版《法学院》;此文乃在其基础上大幅扩写而成。

积陈重命名的)这一法律文明传统如今已然丧失,新制的建设却反复推倒重来,屡经颠踬,而今充其量也只能说是甫告初备。在这样一个国家,整个现行法律体系,其实都只是由今人自己订立的法律"堆积"起来的而已,为此,所谓实定法,其实就是"人定法"而已,而且还可能被认为只是一批粗糙的、未经历史传统赋予神圣性的货色。

本来,作为灵长动物,人类最大的特点(或也可称优点)之一,便在于总体上具备了一种自我反思乃至自我超越的能力,包括对自我的成就所进行的反思与超越。在法的领域中,情形亦然。为了评价实定法,引导实定法,或改善实定法,人类社会往往也产生了种种超越实定法的各种有关"法"的观念,其中,所谓"应有的法",或被称为"高次法""高级法"(Higher Law)等,便是这种观念形态上的法。而这种观念形态上的法的产生与存在,也恰好可以满足人类社会中某一部分在前述的那种"特定的法秩序"下处于不利地位的社会成员的主观意愿,即有利于他们去实现在该实定法体系下无法得到满足的利益诉求,而一旦这种观念形态的法直接进入现实的法律体系,成为法秩序的一部分,或在这种观念的影响下建立起某种审查实定法的制度(如违宪审查制度就是如此),情况则尤其如此。为此,高度重视形式理性的法律实证主义虽然对此类观念抱有戒心,但在历经了纳粹暴行之后,如吾人所知,从痛苦的沉思中警醒的德国法哲学家拉德布鲁赫,即曾经坦诚地认同了这种法的存在,其在不朽的杰作《法律的不法与超法律的法》中的"超法律的法",就是一种"超实定法的法"。而且,从世界文明史的宏大视野来看,其实不难发现,许多文化圈都曾产生过类似这种"应有的法"的观念,只是唯独在欧美部分国家,该类观念尤为发达,并得到高度的理论化而已,其典范便是自然法思想。

然而,只要我等没有数典忘祖,那么也会发现,中国历史上其实也同样隐隐约约地存在某种类似"超实定法"的观念。孔子说:"礼乐不兴,则刑罚不中;刑罚不中,则无所措手足。"中国古代儒家所说的"礼乐",即可谓是一种超实定法。日本现代学者根本诚先生在其《中国传统社会与其法思想》一书中,甚至提出了"中国式的自然法"这一说法,在更广泛的意义上把中国古代的法思想看成是可与西方自然法思想比肩的高峰,并对之抱持了多少有些高山仰止的态度。虽然他也十分清醒地看到了中国古代法思想的局限,但毕竟还是摆脱不了我们中国部分学者更难摆脱的"皮格马利翁效应"。

然而,无论如何,我们应该承认的是,中国古代的礼乐,毕竟与传统宗法的制度和装置是浑然一体的,并通过这种一体性的结构,使"礼乐"被扶入了人治的正门,为此在许多历史时期,其与"刑""法"之类一样,本身也会被视为"国之利器",多被当作统治的手段而已,只是"刑""法"之类的规范形态存在着,并可以被"礼"所超越,或反过来"引礼入法",使得整个规范秩序开拓出了正当化的迂回空间。这俨然形成了一个自足的循环系统:"刑""法"本身地位之低,几乎"低到尘埃里去"了,厥有苏东坡这样本身对律法颇为重视的文人所说的"读书万卷不读律"一句,但因为在天下治理的规范等级秩序中,已经预定性地存在了一种作为更高形态的政治和生活准则的"礼",后者超越了前者,而且其超越前者的合理性空间,可以追溯到更为空泛的"天理"的观念那里去,这就相当于根本诚先生所看到的自然法了;而作为超验的"天",虽然也可以说是一种无人见证的"无知之幕",但最终可以通过"天人合一"的原理,顺势复归于人凡的世界之中。

然而,在实定法("刑")上发现"礼"这种更高层次的规范,甚至在"乐"中发现人类的行为准则和规范秩序之要素,布下井然有序的制度装置,并将其作为道德感化和政治教化的手段,这不得不说是天才的创意。说不定当人类在未来的某一时候都集体性地厌弃了现代西方法治文明,或想真正放弃法的一切强制,也许有必要别过头来,感悟这一智慧结晶中深邃的旨意了。

但是,这种感悟,是否有可能由我们中国人去继续形成伟大的理论,就难说了。因为百余年来,儒家这一套思想和制度的遗产,差不多早已毁于国人之手,以致"礼崩乐坏"不再是一种比喻,而是一种现实,其式微之久矣,已再度成为宋儒张载所曾呐喊的"为往圣继绝学"中的"绝学"。

于是乎,在当今中国的法律世界里,便有了一种矛盾的图景:一方面,是法律实力主义的现实体验,普遍攫取了国人的心,既没有敬畏,也没有回味。这种法律实力主义往往轻易地认为,所谓法律,其实就是有实力者意志的体现(恰好套上政治学的说法,就是"统治阶级意志的体现"),而且同样也是依靠实力(如国家暴力)来支撑维护的。施米特的决断主义政治学之所以受到现下一些知识人的青睐,原因也在于此,并且露骨得很。另一方面,诸如蒋庆、杜钢建、秋风等若干知识人,带着忧患深重的意识,甚至怀着激越抗议的悲情,或旁搜,或远绍,几乎冒着"六经注我"的风险,寻求儒学的茫茫坠绪,愣是从中读出了"儒家宪政主义"。

　　新儒学的这类尝试早已有之,但其在今世的得失成败,仍尚可另当别论。且说那种法律实力主义的观念吧!它看似可以纳入法律实证主义的壳中,但实际上却有别于一般意义上的法律实证主义,最多只能算是法律实证主义之一种,而且是最为鄙俗的一种,因为,一般意义上的法律实证主义还可能存在一种谋略,那就是力图以法律去厘定公共权力的边界。认清这一点殊为重要,否则你就无法理解:为何在纳粹暴政之下,像拉德布鲁赫、凯尔森这样的法律实证主义者遭受迫害,而施米特则可以成为桂冠法学家。

　　反观当今中国式的法律实力主义,在它的版图里,法律本身极为容易沦为实力者的一种工具,甚至还只是一种可被替代的备选暴力工具之一。这实在是令人堪忧的,因为这种观念的可怕之处就在于:它不仅可以将"超实定法的法"随便出卖给任何一方的物理力量拥有者,甚至直接捣毁法律的道德基础,并彻底割让了人类对现实中的法律进行正当化思考的想象空间。

反思唯科学主义 *

在中国，有两个在西方主流社会已经受到了一定批判的东西，仍然居于极度神圣的地位，几乎没有受到必要的反思。这就是民主与科学，也就是国人所说的"德先生"与"赛先生"。而在此二者之中，已有不少人举出了"多数者的暴政"去谈及民主的缺陷，相形之下，对于科学的反思则尤为鲜见。

诚然，自近代以降，人类在科学领域的成就是令人炫目的，科学本身对人类社会的贡献也不容忽视，尤其是具体到中国，所谓"百年积弱"的历史，很大程度就输在科学与民主，即使在当今，勠力推动科学技术的发展，仍具有毋庸置疑的意义。

然而，我们也要看到，科学本身也有其自身相随的问题。差不多在18世纪以来，西方的许多思想家就在努力反思科学的负面后果，其中包括大众心灵的幻想化、智力的愚钝化以及创造力的衰落。时至今日，现代德国著名哲学家、法兰克福学派的奠基人霍克海默还指出，进入20世纪以来，科学技术的胜利，也带来了难以克制的二元性

＊　本文原发表于《法制日报》2008年11月30日版，原文题为《头顶的星空与心中的道德律》。

后果，而科学的成就和技术的创新，不能真正代表人类的进步。当今德国思想家哈贝马斯也认为，要完成作为哲学之使命的社会启蒙和自我启蒙，进而克服西方思想历史上的启蒙辩证法，就必须对科学主义（Szientismus）进行"彻底的批判"。

那么，何谓"科学主义"呢？在哈贝马斯看来，科学主义就是科学对自身的一种信仰，也是一种意识形态，企图将科学与知识等同起来，以科学去垄断一切知识，并以此对科学的元理论的自我理解进行规范化。一言以蔽之，科学主义就是唯科学主义，即认为只有科学才能提供真理，只有科学才是有用的，只有科学才能给人类带来幸福。

这种唯科学主义的思想倾向，在中国的语境中也是有其历史传统与文化土壤的，为此也值得我们反思和戒备。另外，我们也要认识到，西方哲学界、人文社会科学界对科学主义所进行的反思和批判，也有可能会开拓新的认识论的图景。这是值得我们关注的思想脉冲。而作为一介人文社会学科领域的学人，我个人尤其觉得：中国学人需要在人文科学的研究领域当中对科学主义进行反思，避免走向这种唯科学主义。

那么，究竟"科学"的局限性何在？为什么我们要反思科学主义呢？这本属于哲学问题，非笔者所能说透，但初步认为有以下诸多理由，值得我们思考。

首先，严格意义的"科学"，可以说是"非完全可能"的。这是由于科学的认识方法，主要是采用主客二分的方法，而正如哈贝马斯所分析的那样，这种主客二分的方法实际上是把一部分现象强行列为外在于我们而存在的客观现象，列为一种纯然的事实或客观实在，但是这些被列为"事实"的现象,本身就已经可能反映了主体间性,已经蕴含了一种"事实的先验结构"在里面。就拿杭州的龙井茶为例,它看似可以被科学地确定为是一种可以饮用并且有益于人的健康的物质,但其实也是被确定为一种人们已经认识到的"茶",而且还被认定为是一种名茶,甚至是有身份的人喝的茶,等等,为此它的"存在"其实就含有主体之间的共识成分,含有价值和意义在里面了,而不可能是完全自足的客观对象。

其次,科学也不是完全有效的。要认识到,并非所有复杂的社会现象都可以用科学的方法来解决。科学不能解决人类的终极价值问题,无法解决"诸神之争",迄今仍然无法完全替代人类对宗教、道德的需要,无法安顿心灵,无法解决救赎问题。在此试举一例:据说通过现代脑科学研究,人们已经发现,人类之所以具有同情心、正义感,是因为在人类的大脑结构中本身就存在镜像神经元等相关的神经结构,也就是说,人类的道德感是有神经学基础作为客观依据的。这个科学发现如果可以成立,那么就推动了人类对正义的科学认识,也使我们能够在一定意义上验证"人性本善"论,甚至有效地维护了我们对人类道德的信心,但尽管如此,这种意义还是有限的,比如它无法具体地告诉我们在现实的某一个具体个案中,人应该如何行动才是正义的。

最后,科学主义往往使我们陷入盲信科学的态度,这也是非常危险的。科学主义往往容易伴随着傲慢与偏见,容易借助"科学真理"的名义,对人的价值和意义,对人的生存的方式,进行一种价值独断,甚至将一种必然需要不断证伪的判断,强加于其他意志或价值的主体。历史上的许多谬误,固然可能肇源于迷信,但也不乏假借科学、真理之名,进行规训或压迫,走向价值绝对主义的极端,给人类造成种种灾难。这即使在中国的历史上也已经有深刻的教训了。

康德的墓碑铭上写道:"有两种东西,我们愈是时常反复地思索,它们就愈是给人的心灵灌注了时时翻新,有加无已的赞叹和敬畏 ——头顶的星空和心中的道德律。"尽管我们绝不应该完全否定科学的伟大成就,不应该完全否定科学的精神与方法,尤其是科学的确定性、可操作性、实效性等优异之处,但科学无法完全回应人类的心灵。我们需要适度地反思科学主义,拒绝对科学主义的盲信,既学习科学的精神与方法,又保持对科学主义的反思与戒备。

第四辑

特别的思忆

从法律通往上帝的怀抱 *

> 公元 2007 年 11 月 13 日，我鬼使神差地读起了自己的一篇有关伯尔曼前一年在浙大讲座的记叙文章，心情莫名其妙地复杂，于是便以《转载一下自己的心情》为题，在自己的博客上将其重发了出来。令人感到诡异的是，第二天竟得知，伯尔曼前一日在纽约溘然长逝，享年 89 岁。
>
> ——题记

伯尔曼斯人

对于中国的大众来说，哈罗德·J.伯尔曼（Harold J. Berman）这个名字也许是颇为陌生的，但中国法律界的人，包括法学院里的莘莘学子，则可能对其印象至深——他是美国当代著名法学家，曾长年任哈佛大学法学教授，1985 年荣退后仍获聘美国埃默里大学的最高荣

* 原文载于《南方周末》2007 年 11 月 22 日版；后扩写成此文，题为《在多种隐喻中追思》，载于《法学家茶座》第 18 辑（2007 年）。

誉教席——Robert W. Woodruff 讲座教授，主要研究西方法制史，以其代表著《法律与革命》一书名震西方法学界，乃至享誉国际法学界；他还是美国最早从事社会主义法（主要是苏联法）研究的专家之一，而且在法理学以及商法等领域中也是一位被公认的权威学者。爱默里大学在讣告中也说：伯尔曼是"美国法学教育界学术最为渊博的学者之一，其法律思想敏锐的批判力和宗教影响力，使他在 20 世纪包括罗斯科·庞德、卡尔·卢埃林和朗·富勒在内的法学巨人的阵营中赢得了一席之地"。

伯尔曼与中国也有某种不解之缘——他的一个儿子精通中文，曾翻译过中国古诗；而他本人则于 2006 年以 88 岁的耄耋之年访问中国，应邀在包括笔者当年所奉职的浙江大学在内的多家中国大学进行学术演讲；而在此之前，不仅《法律与革命》一书，其 20 世纪 70 年代的一本学术演讲集《法律与宗教》也在我国翻译出版，并在这个国度的法律界产生了重大的反响，其中"法律必须被信仰，否则它形同虚设"一语，更成为近年我国法律界中广为援引和流传的一句名言，甚至被许多当代中国法律人用以进一步诉诸自身的某种悲情或激情。

笔者虽然没有精研伯尔曼的学说，但作为中国的一介法律学人，也曾同样为他的这一论断所震撼，尤其是他所揭示的有关"法律与宗教之间的隐喻关系"，曾引发我陷入长久的苦思，直至那一年在浙大当面领略到这位老人睿智而又仁慈的风采，那种苦思仍然萦绕于脑际。而他去世那天我那种难以言状的心情，或许就源自这种精神上的通感。

隐喻之思

在中国传统的文化语境之下，国人也许会首先产生这样的疑窦：法律凭什么"必须被信仰"？或曰：法律怎样才值得"必须被信仰"？

其实，根据伯尔曼的问题意识，在当代西方的世俗观念之中，法律同样也面临类似这样的叩问，导致了对法律文化传统之信赖的危机。这便是他要解决的课题。在这过程中，伯尔曼与其他许多西方学者一样，将法律理解为"活生生的人类经验之一部分"，所不同的是，他重新诠释了西方法律文化的传统。通过长期的研究，他发现西方法律传统的演进史之中其实贯穿了几场重大的革命，其中，11世纪末至12世纪初的教皇革命，曾统一了西方各地的教会权力，将其从皇帝、国王和封建领主的宰制中解放出来，形成了西方最初成型的法律制度——罗马天主教会的教会法体系，并催发了与之分庭抗礼的各种世俗法律，诸如皇室法、封建法、城市法和商法。而正是在神权与世俗政治权力的剧烈对峙之中，法律得以上升为高于政治的统治地位。这构成了西方法律文化传统的滥觞。

这便是《法律与革命》一书的第一部分内容。其深刻的洞见即使在西方学界也是颇为独到的，无怪乎美国学者乔治·H.威廉斯说道："《法律与革命》本身就是一部革命性的著作。"《美国政治科学评论》称此书："视野广阔，细节丰富，这可能是我们这一时代最重要的法律著作。"《洛杉矶日报》也说："每个法律家都应该研读它……，堪称学术极品。"

在《法律与宗教》一书中，伯尔曼更直接地揭示了"法律与宗教的隐喻关系"。他认为在西方法律文化传统的演进史中，法律与宗教的关系至为密切，二者还具有四个共通的要素，即仪式、传统、权威和普遍性，其中，宗教赋予了法律以其精神、方向及其获得尊敬所需要的神圣性。而令伯尔曼忧虑的是：时至当今的西方，法律与宗教的观念则均陷入褊狭，以致割裂了传统中法律与宗教的这种关系，尤其忽视了法律中应有的宗教因素，为此法律体系总是被单纯理解成世俗的一种制度，被视为一种实现功利目的的工具。这便是西方法律文化传统的巨大危机。有鉴于此，伯尔曼指出：没有信仰的法律将退化成为僵死的教条，而没有法律的信仰也易于变为狂信，于是呐喊道："法律必须被信仰，否则它将形同虚设。"

而伯尔曼本人就是一位虔诚的基督教徒。

他生长在一个犹太家庭，从小就读西伯来圣经。他曾跟中国学人谈起自己的信仰历程。那是"二战"即将爆发期间，他去欧洲访问，并冒着可能被抓的危险，特意去纳粹统治下的德国探望他热恋的女友，在身份报表上填写的是新教徒，并受到一个德国家庭的庇护，从而暂时幸免劫难。但时值 1939 年夏，大战的阴霾已然密布了欧洲的天空，伯尔曼只好前往瑞士。可是没过几天，因为想念女友，他居然又折回德国。在辗转的旅途中，他与逃亡的欧洲农民一道挤在火车上，感觉非常绝望，"以为以前学的对历史的研究都没有意义了，一切都要结束了"。然而，就在一天凌晨两三点的时候，他隐约看到了耶稣在云端上的形象。从那个时候开始，他便成为一名基督教徒。

伯尔曼俨然是一个"二元神论"者，既信仰上帝，也信仰法律，但其实，他是看到了上帝与法律的一体性。

但伯尔曼有关"法律必须被信仰,否则它将形同虚设"的这种论断,对于当代中国的许多对法治充满信念的人而言,则不啻是一种当头棒喝。在中国的文化传统中,我们阙失典型意义上的宗教,而能将法律视为一种有效的工具,甚至视为统治者的"国之利器",都几乎只是"法家"式的哀怨。时至当代,我们不仅拥有世界上规模最大的无神论者的公权组织,而且,即使在民众的社会意识之中,也缺少对终极意义的虔诚与敬畏。在这样的文化语境之下,"法律必须被信仰"几乎成为痴人说梦,而有关"它将形同虚设"的片语,则无异于是对治理现实极具说明力的谶语。当代中国法律人之所以广为接受伯尔曼的主义论断,进而在这一论断之中注入了悲情,其部分的缘由或许便在于此。

当然,这部分中国法律人还可能忽略了伯尔曼《法律与革命》一书的第二部分内容:自 16 世纪以降,直至 20 世纪,西方还相继爆发了多次革命,包括 1517—1555 年德意志的路德宗君主革命、1640—1689 年英国的加尔文教贵族革命、1789—1830 年法国的市民革命,以及 1776—1865 年兼具英、法两国革命特点的美国革命,乃至 20 世纪俄国的无神论社会主义革命,这些革命起初都曾力图与法律传统决裂,但最终却又不得不重新回归这一传统,并对这一传统分别均有损益。意识到这一点,便可知伯尔曼有关"法律必须被信仰,否则它形同虚设"的这种论断,其实也可灌注一种对法治充满希望与信念的激情。而当这句话无论是被倾注了中国法律人的某种悲情还是激情之后,其本身也就转换为一种新的隐喻。

换言之,中国法律人之所以接受伯尔曼,或许并非真正因为完全理解伯尔曼，完全接受他的核心思想，只不过他的一些类似于"法律必须被信仰，否则它形同虚设"的只言片语，更能倾注中国法律人特有的某些情感而已，而且这些情感还包括了两种类型：一是对法治现状及其根源持有负面情感的悲情；二是对法治未来充满信念的激情。

延伸了的隐喻

其实，伯尔曼的《法律与革命》还没写完，只写到两部，而伯尔曼生前已经在撰写第三部了。在 2006 年访问中国的时候，他还自信地说：中国人同样会对这一部感兴趣的，希望自己能够尽快写完——"如果我活得足够长寿的话。不过，这就要取决于上帝是否愿意看到这部书"。

曾听到一位对中国的法治未来深表绝望的中国法制史学者在一个学术研讨会上悲观地说道：中国没能拥有现代法治，因为中国人不相信上帝，所以上帝也不眷顾中国。

伯尔曼的逝世，似乎在一个侧面上也印证了这种断言——上帝似乎最终还是不愿意他为中国读者遗留下这个部分。

是的，上帝召唤他去了，从法律通往自己的怀抱。这对我们而言，是一个巨大的遗憾；而对伯尔曼而言，则是精神意义上的一种完成。

话说如果国人没有真正理解伯尔曼有关"法律必须被信仰"的论断，那可能还肇始于在文化语境的差异中，我们仅仅面对了世俗世界里存在的法律，而忽视了去把握他所言的"法律"（law）的特定内涵。

其实,在伯尔曼来华讲学之际,他就特别强调,"法律"是有两种层次的,一是"实在法"或"人定法";一是包括"神定法""抽象法"意义上的自然法,即体现了自然正义等理念层面上的法。而他所倡言的"对法律的信仰",主要并非对前者的信仰,而是对后者的信仰。

实际上,伯尔曼所言的"自然法",在西方的法律思想史中并不神秘。2006 年 5 月 14 日,笔者就曾直接聆听了伯尔曼对这种"自然法"理论的演绎。那天,数百名嗷嗷待哺似的南国学子,填满了浙大新校区大型国际演讲厅里的所有座位,包括一个侧厅里的空间,一起仰望着讲台上的这位像法典一样精致的老人。

他这样指出:西方曾有法律实证主义、自然法学派以及历史学派三大法律流派,时至当代,历史学派已没有多少影响力了,自然法学派也有所式微,只有法律实证主义居于上风,但他更倾向于自然法学派,因为自然法思想与人性更为契合。就此,他曾对此举出一个轻松的例子加以说明:你看一个五岁的小孩,从未学过法律,但他也会说:这个玩具是我的! 这就说明他有物权的朦胧意识;他说:他打了我,所以我才打了他。这就说明他有侵权法乃至刑法的观念;他说:你曾经答应过我的! 这就表明了他有类似于合同法的意识;而当他说:这是爸爸允许做的,那么这就说明他已有宪法的观念了;而所有这些观念意识,都是一个从未接触过法律的五岁小孩自然而然拥有的观念意识。

伯尔曼所说的这个例子尽管相当轻松,却不容小觑。因为它毕竟出于一个曾经拥有数十年学术研究生涯的睿智的"老人"之口,可能经过了皓首穷经的验证、苦思冥想的推演。为此你可以为其幽默而发笑，但不要为其简单而嬉笑。因为它具有思考的哲学基础，那就是英美人的经验主义。在这种经验主义的基础上，罗尔斯也曾进行过类似的终极思考，并产生了一个在吾人看来是相当伟大的思想结晶，那就是用"无知之幕"隔离的"初始状态"这种学说，但罗氏的这种假设也遭遇一些争议，倒是伯尔曼这个看似简单的例子，却恰好在某种意义上克服了罗尔斯的预设中所含有的完全脱离世俗世界、仅仅求诸于理性而忽略了人类情感、信念与精神价值的弱点。

当然，伯尔曼这个例子中关于宪法观念的那个说法，则有待于向我们国人澄清。因为在中国文化的传统语境中，宪法的关系，很容易被理解为是一个父权主义式的权威主体与一帮刁顽的子民之间的那种关系，而宪法上的权利也容易被理解为是前者赋予后者的。然而，伯尔曼说的自然不是这个意思。正如他所言，当那个五岁的小孩声称"这是爸爸允许的"的时候，这是说明这位小孩已有一种"授权"的观念，即只有得到授权才是正当的那种意识，在这一意义上说，那个小孩才可谓具有了某种固有的宪法观念。而这实际上也应合了宪法就是一种授权规范这样一种英美的宪法理论。

伯尔曼的那次演讲，使我从座位上直接陷入沉思。因为我恰好曾经前后在日本和我国香港这两个并无典型宗教传统但最终还是走上法治化道路的东亚文化区生活过，为此对他有关法律与宗教之间隐喻关系的观点在中国文化传统语境下所可能推导出来的悲观结论，也持有经验主义式的疑虑，但不得不承认，我还是为这位异国的学术老人对人类典型经验中的法治文明所保有的热情与信念所深深打动。当那天送别晚宴后我们告别的时候，我趋前握住他的手，用生硬的英语说：多么感谢您伯尔曼教授！请记住，在我们中国您有很多"粉丝"，包括像我这样的一个"老粉丝"！

老人感动地道谢，然后缓缓走下阶梯，并迎来了留美出身的中国法律学人孙新强教授那更为动情、更为感人的西式拥抱……

那一幕，恰恰可能象征性地构成了当今中国法律人与伯尔曼学说之间的另一种隐喻关系，犹如伯尔曼所揭示的西方文化传统中法律与宗教之间的那种关系那样，同样留待我们予以无限的追思。

坚忍的理想主义者

纪念异国恩师畑中和夫先生

　　有生以来,可恭称为恩师的贤达不止一人,其中最为特别的,是年轻时留日期间的授业导师畑中和夫先生。

　　说起畑中先生,眼前就浮现出他给我留下的难以磨灭的印象:虽年事已高,却穿着整洁的西服,将略为稀疏的华发一丝不苟地梳拢在脑后;戴着一副深度眼镜,但睿智的目光似乎洞悉了人间纷繁万事,而微抿的嘴角,时常挂着温和而又神秘的微笑。

　　如今,先生去世已有两年多了,我早就想写一篇文章缅怀,但酝酿了几回,始终未敢率尔操觚,因为我实在没有把握应该如何切当地描述这位个性内涵极为丰富的异国恩师。就这样,这篇文章一直欠了下来,终成为自己良心上越滚越大的一笔债务。

　　眼下,就在正要开始偿还这笔"心债"之际,蓦然回首,才发现自己多年来正是一点一滴学着先生的样子在做着教授的,只不过仅得皮毛,未入阃奥,不及其万一而已。不惟如此,如果在当今中国,留学的履历还可以附加一些炫目的光圈,那对于我个人而言,那种"光圈"则属于一种"不当得利",因为在那一段机缘之中,我承蒙先生的师恩良多……

初见

初见先生，是 1990 年年底的某日午后，经立命馆大学一位行政人员的引荐，我来到了先生的个人研究室。

那年，我 27 岁，累累若一叶浮萍，正寄身在前大阪外国语大学（现大阪大学外语学院）西村成雄教授门下当一名研究生。在日本，这是一种学位课程之外的学生，为期一年，当时我的签证也快要结束了，须马上正式考上一家大学的硕士生，才好在日本继续学业。这时，我想到了立命馆大学。我闻知这所大学里有不少左派进步学者，猜想他们可能对我这样的中国学生应有一些亲近感，而这个大学的名称也恰好应和了我当时作为一名惶惶然的中国学生"安身立命"的愿望；更何况，听说法学学科是其自明治时期建校以来的强势学科。

立命馆大学有数个校区，法学院就在其本部的京都衣笠校区，那里窗明几净，那天午后更是阳光明媚。畑中先生在修学馆的个人研究室里亲切地接待了我。研究室里书架林立，一面墙壁上挂着一幅装裱了书法拓片的镜框，谛视之下，才知是中国唐朝王翰的那首凉州曲。坐定之后，我便说明来意，说是想报考立命馆大学法学博士前期课程公法专业，师从先生学习宪法学。他便询问了我的一些个人情况，末了，颇为干脆地问我：君（きみ），有没有什么论文带来？

在日语中，"君（きみ）"，一般是长辈对晚辈的一种很亲切的称呼。我听了，倍觉温馨。后来我知道，这是先生经常对学生使用的一种称呼。

"有的！"我立刻应声说道，并随即拿出一篇随身带去的论文，"我恰好在大阪外大期间写过这一篇论文，但很抱歉，是用中文写的。"

先生说先给我看看吧。于是我就将那篇长达二三十页的论文呈了上去。

事后得知，作为比较宪法的专家，先生精通英文和俄文，也略通德文，但不熟悉中文，不过，作为受过一些汉字教育的日本学者，他当时还是翻阅了一下我的那篇论文，并让我介绍一下该文的问题意识和论旨。我现在推断，他当时不仅想听一听我所说的内容，同时也有可能想捕捉一下我在叙述这些问题时的神色，以及所表现出来的学术热情，但在整个过程中，他对我那篇论文并没有任何评价，也没有任何表情，只是问我可否在一周之内用日语再写出一篇有关中国宪法问题的论文来，要求是主题可与此篇不同。

不得不说，这是一位老辣的教授。我正色道：嗨！知道了！

一周后，我再度来到他的研究室，向他提交了一篇刚刚写就的习作。此文篇幅不长，但已懂得引述和梳理当时日本学界研究中国宪法问题的两个名家，即浅井敦先生和西村幸次郎先生的一些学术见解，并尝试提出自己的见解。先生当着我的面浏览了这篇文章，然后说：好的，你可以报名参加我们博士前期课程的入学考试了。

1991年4月，是我记忆中的日本樱花开得最为烂漫的季节——就在那时，我正式入学立命馆大学，开始攻读法学研究科博士前期课程公法学专业。

当然，所谓"博士前期"，只是相当于硕博连读的硕士课程，为期两年。如果能顺利进入博士后期课程，那才真正相当于博士课程，为期三年。不过，按照日本的情况，完成博士后期课程之后，大部分学生不能取得博士学位（当时尤其如此），为此，修毕博士课程后无法取得博士学位在日本颇为正常，并可照样在大学寻得教职，但对于中国留学生而言，这种结局很难被自己的国人所理解，为此，当我在入学那天从立命馆大学衣笠校区的南门迈进该校时，便默默许下了一个愿望：毕业时一定要拿下博士学位，否则就学武士道的精神切腹自杀！这自然是年轻偏激的一种表现，但多半也成为励志的一种动力。

和蔼的严师

然而，更大的励志动力，是来自畑中先生。

入学不久，他便对我说：我知道在我们中日文化交流史上，近代的那些中国来日本留学的先辈是很了不起的，但这个时代来日本留学的你们，我想同样也很了不起，因为据说当今你们在国内的月薪只有一百元人民币左右，但你们如果获得留日签证后就跑去打工，这虽然是违法的，可是一天就能赚一万日元左右，相当于你们在国内半年左右的工资；尽管如此，你们没有被金钱所诱惑，仍然在大学里学习深造，这种精神非常了不起！当然，从另一方面来说，既然如此，你们也要努力学习，真正学有所成，学有所用，以值得你们做出这样的选择。

看得出，先生似乎比较重视他与作为一名中国人弟子的我之间的这份师生关系，这或许与他作为现代日本知识人面对中国人的微妙心理有关，其中包括知识交流上的回馈、反哺以及特殊历史责任意义上的救赎。

　　对于这种关系，我自身倒是坦然的。我意识到：在中国文化中，所谓"师者"，并不因人格主体而受限，《师说》中即有"道之所存，师之所存也"的古训，我们福建同宗先贤林文忠公的胸襟甚至可以放大到了"师夷"的境界；何况，从近代开始，乃至迄今为止，吾侪中国人之师事于日本人，不仅从许多方面来看殊为必要，而且还具有某种特别的意义，那就是：不仅要向日本人"学会"什么，而且还要"学回"什么，即"学回"某种我们已然流失，但大和民族依然保留的东西。

　　随着交往的深入，我逐渐地发现，先生身上就有这种可贵的东西。

　　他的性格多半是和蔼可亲的，甚至在课后时常带着我们几位听课的学生去东门附近的一家名曰"铁平"的饭店聚餐，以继续畅谈学术问题，或笑谈人生百态，最后由他老人家埋单结账。然而，对于重要的学术问题和为人准则，先生则也有严格的一面，偶尔批评起人来也颇为坦率。

　　就此方面，先生有别于我的另一个授课老师——同样也是宪法学者的山下健次教授。山下先生学问精深，但为人谦逊温和，属于温文如玉的君子。有一次我在他的个人研究室里听课，因为前一天晚上熬夜的缘故，听着听着竟然睡着了，事后甚至知道当时还微微打起鼾来，恰好当时中国人民大学的青年访问学者胡锦光（时任讲师）坐在一旁听课，便用肘部悄悄将我捅醒。因为只是几个研究生上的小班课，我估计当时山下先生已然觉察，只是笑而不语而已。对此我羞愧不已，从此愈发敬重山下先生。

　　畑中先生的个性则略与之不同。他也有仁慈、宽厚的一面，譬如我入学不久，他便得知我并非中共党员，以他老人家对中国政治社会结构的严格理解，或许有可能认定自己的这个异国弟子在母国并非一个足够优秀的政治社会成员，为此多少有些失望，但却从来未作明确表示。先生还有侠义的一面，总是尽可能地对身边的那些处于困顿之中的学生出手相助，许多人在关键的时期都受到他的恩惠。然而不得不说，先生也有率直、耿强的一面，甚至在一定程度上还具有战斗的性格，这有可能是下文将谈及的他的政治信念决定的，同样也是那种政治信念陶冶了这一点。正因如此，先生有时也会得罪一些人，包括得罪一些同样是富有正义感的人。统而言之，先生的个性内涵是丰富的，也是有层次感的，似乎比较接近于中国《论语》中另一种有关君子的说法："望之俨然，即之也温，听其言也厉。"

　　说到对弟子的学术训练，先生也有自己的特色。一般而言，日本教授对弟子实行学术训练的严格程度是多样性的，大致会因教授本身的年龄而异：中青年的教授大多正承受着职业的重荷，也珍惜自己有限的学术黄金期，为此对弟子基本采取"自由放任主义"；但年纪较长的教授，一旦功成名就，也富有学识经验，便会对弟子采取"严格主义"，并安排更多的时间指导弟子。

　　畑中先生则是刚柔并济、松弛有度。记得在博士前期课程的第二学期，我沉迷于探究中国清末君主立宪，以此为契入点，写出了一篇题为"中国立宪主义的形成与展开"的论文，初稿有三四万字，成文之后，颇有得意之色，便呈先生批点。不数日，先生将阅毕的文稿返还给我，只见上面一片朱批，可谓"鲜血淋漓"。但我认真阅读了这份批点，细致琢磨了先生的批语，并反复比对了自己与先生在文章的布局谋篇、遣词造句等方面上的差距，深感醍醐灌顶，功力大增。到博士后期课程之后，与前期的耳提面命不同，先生只是在研究规划和学术水准上进行严格把关，其他方面则放手让我自己去进行研究。更有意思的是，作为马克思主义法学家，他也不生硬地将自己的方法论强加于我，而是默许我兼收并蓄。

从博士前期第二年开始，我获得了奖学金，从博士后期第一年开始，更获得了文部省奖学金，后者是在日本的各国留学生从公共机构中所能获到的最高奖学金，也是国际上最高的同类奖学金之一。记得在博士前期一年级末，我也去申请了一次，但面试之后还是被刷了下来。到了博士前期二年级末，我又去申请，这次我除了按要求填表之外，还添加了一份特地制作的"个人学业成绩和研究成果一览表"，夹在所提交的每份申请表的第一页。到面试时，几位面试委员一打开我的申请表，就看这张一览表，并赫然发现其中所列举的近十项科研成果（包括论文发表和翻译），结果有几个老师当场就流露出欣赏之色，最终使得我如愿以偿。如今想来，那些研究成果其实都是在畑中先生的指导下完成的，其中包括数量可观的翻译，也是在他老人家的要求下做出的。

甫进入博士后期课程，先生便及时地找来了各种规定，理出了获得课程博士学位（区别于不在学而单凭论文提起申请的论文博士学位）的具体流程。现在归纳起来，大致如此：

第一步是导师同意你撰写博士论文。这几乎是不明文规定，但也挺重要的，有的导师就基于各种情况，没有支持弟子撰写并提交博士论文。

第二步是提交并通过开题报告。

第三步是将写好的博士论文连续发表在正式的学术刊物上,全部至少由三篇以上论文组成,每篇应不少于四十页左右。这属于最为关键的环节之一。之所以许多博士生同仁最终没能获得学位,或花了很多年时间才获得学位,主要原因都出在这一环节。

第四步是导师同意你提交博士论文。其实这个环节意味着导师要将自己的学术信誉压进去为弟子的论文水平做担保,因为一旦同意弟子提交博士论文,即相当于导师认为这篇论文已达到了获得博士学位的水平,如果其他学界同仁大多不以为然,则有失学术信誉,甚至还可能招致同仁暗自嗤笑。

第五步,本校本专业学科的最高意志机构——院内教授会接受和初步审核了你的论文,并决定为你的论文专门成立论文评审委员会。你的导师可以作为该委员会成员,甚至担任主审(与德国的情形一样),但必须有一名其他专业的专家。因为每年提交博士论文申请博士学位的个案较少,甚至没有,要想启动这个环节也很不容易。

第六步,论文评审委员会全面审读了你的论文,然后举行论文公开答辩,所有感兴趣的人都可以参加并且提问。答辩之后,还需报法学研究科委员会审议通过。

第七步,论文评审委员会全体委员联名撰写出一篇类似于学术评论的"学位论文评审要旨",公开发表于正式的学术刊物,将论文审查的结果公诸于众。

第八步,论文评审委员会向教授会汇报情况,教授会对是否同意通过该论文,并建议授予博士学位进行匿名投票,法定有效参加人数的三分之二以上才能通过。

第九步，将教授会的投票结果向学校学位委员会汇报。

第十步，由学校报给文部省，实行备案之类的。

先生一开始就明确表示支持我撰写博士论文。在他的指导下，我也很快就确立了论文的研究方向和主题，并且开始着手分三个部分写作，论文的发表也颇为顺利。但当我即将完成第三部分的论文之前，有一天，先生突然找我谈话。

谈话的内容果然非常重要。原来，在不久前，先生已将我有可能在不久后提交博士论文的事情预先在教授会上吹了吹风，结果有教授提出：鉴于过去立命馆大学从来没有向外国籍人士授予过法学博士学位，为此，对第一个向立命馆大学提交博士论文申请法学博士学位的外国籍学生应当严格把关，具体而言，仅仅按照一般规定发表三部分论文是不够的，而应将博士论文结集出版为一部学术专著，然后再作为博士论文正式提交，教授会才考虑予以审核。

我听后暗自叫苦，觉得要实现这个目标那几乎是天方夜谭。但先生和蔼地说：我已经为你谈好了一家出版社，是京都的晃洋书房，他们看了你已经发表的那部分论文，表示愿意给予出版，但不付稿费。

我差点笑出声来，那不仅因为先生最后一句话几乎是幽默。

就这样，我后来成功地以一部学术专著的形式提交了博士论文，并顺利地走完了博士论文审核的各个重要环节。特别是看到论文评审委员会有关我博士论文的评审要旨发表出来之后，我预感到自己有可能获得博士学位。那篇以先生为首署名的文章，力道很深地分

析了我的论文，并公允地作出优劣两方面的评价，其评审之谨慎，从
细部中可知。记得在评审之后，先生还向我多要了一本博士论文专
著，说是为了保存，因为在评阅论文的过程中，因反复翻阅，他竟将那
本磨损得十分老旧松散了。

此后的某日，我正卧在家中客厅的榻榻米上闲读，先生突然打来
电话，用颇为激动的声音说：教授会刚刚通过了你的论文，投票结果
虽不是全票通过，但也只是差一票。一个男人要成熟，是需要很长时
间的——记得当时我一听就急了，很书呆子气地问道：那一票是为
什么反对呢？先生在电话那边平静地说：具体不知道，但讨论时有
老师对你专著序言的一些表述不甚满意。

1996年初春，我被通知参加了该年度春季博士学位授予典礼仪
式。仪式是由全校统一举行的，之所以这样，可能也是因为全校获得
该学位的人数不多，即使像立命馆大学这样在日本规模算是较大的
大学，该季度全校也只有14名博士学位获得者，其中获法学博士学
位的，只我一人。令人印象深刻的是，当时还有一位文学院的老教
授，也是学位获得者之一，据说他在获得文学博士之后不久就要退休
了，为此十分慎重，连夫人都穿着和服一同出席典礼。

畑中先生也参加了那次典礼。整个仪式十分简朴，学位获得者
们也不穿戴西式的博士服和博士帽，但场上摆设则颇为典雅考究，气
氛十分庄严肃穆，甚至颇有神圣的气氛，连大南正瑛校长在致辞时，
也略显有些紧张。我被安排第一位出场领取学位证书，因为紧张，出
场之后没有控制好脚步，在校长面前站定之后，才发现太靠近主席台
的方位，又不敢后退，以致从校长手中接过证书并互相行鞠躬礼时，

几乎可以碰到对方的脑袋。但作为两位学位获得者的代表之一,在发表致辞时倒是颇为顺利的。在致辞中,我表达了对母校和恩师的深切感谢,特别是对畑中先生的感谢,彼时,我瞄了一下先生,发现他只是淡淡地听着,似乎陷入了神秘的沉思。

神秘的身份

立命馆大学创立于明治时期,起初名为京都法政学校,后来才正式更名为立命馆大学,但其渊源可追溯到日本皇族政治家西圆寺公望先生早年在京都皇宫所创立的私塾"立命馆",其中的"立命"二字,取之于中国古典《孟子·尽心上》中的"夭寿不贰,修身以俟之,所以立命也"一句。

1933 年,原日本京都帝国大学(即相当于京都国立大学,现京都大学)法学院发生了一起在日本宪法史和学术史上都极为著名的事件:刑法教授泷川幸辰先生因其某些学术见解被认定为是共产主义的学说,著作被禁售,本人也一度停职,最终被免职;在此过程中,为抗议政府干预学术自由,京大法学院全体 31 名教师提出辞职以表抗议,最终有 17 名教师集体辞职。此即"泷川事件",又称"京大事件"。事后,作为私立大学的立命馆大学敞开胸怀,慷慨延揽了这些教师,同时也使其法学院实力陡然大增,而且从此之后,这所曾拥有"贵族血统"的大学,被吹进了一股新风,其于学脉上的影响,迄今未衰。

在这些教师中,佐佐木惣一教授是与东京帝国大学美浓部达吉教授同时代并称的公法学界泰斗,森口繁治教授也是当时日本公法学界的名宿。畑中先生和山下先生的师承,正源自于此。但除此之外,畑中先生还时常用怀念的口吻对我们提起末川博先生的故事。可想而知,那位同样对宪法学问题也有涉猎的民法学界巨擘,在出任立命馆大学校长期间,对年轻学子畑中先生也曾多有引导与呵护。

由于先生就处在这样一个影响深巨的历史事件的余脉之中,这在我看来,多少有点神秘。

记得 1991 年春季,在我入学后不久的一天,先生便通知我到校内一个会馆的会议室里去旁听一个会议。我按图索骥到了那里,进门一看,便暗吃一惊:偌大一个会议室里,密密麻麻地挤满了人,其中多是文质彬彬、器宇不凡的学者。这时,先生出现了,见我来了,便将我介绍给几位客人,其中有早稻田大学和东京大学的教授。

不一会儿,末川博的嫡传弟子、当年立命馆大学法学院资深民法学教授乾昭三先生被推举出来,代表东道主致辞。时值"苏东波"事件发生不久,记得乾昭三先生在致辞中还特意说道:虽然苏联社会主义国家崩溃了,但是,共产主义信念在我们心目中永不消亡!我谨提议:让我们一同举杯,为我们共同的信念,干杯!全场所有人齐刷刷应和了一句:干杯! 可谓力拔山河、气势如虹。

这时,我才确切知道这是全日本社会主义学者的一个聚会。而且从种种阵势推断,先生可能正是这个团体的骨干成员或领导人之一。

此后,先生在谈笑间还曾向我们几位学生透露:早年,他曾参与左派的反美运动,并将一枚土制的"火焰瓶"扔向了美国驻日领馆,并因此被捕入狱。2002 年夏,正值我在浙大任教,于毕业后首次访问日本,即与先生相约,重返立命馆,他还特意将我带入了末川会馆,参观那里新增设的一个模拟法庭。它是完全按照原京都地方法院的法庭仿制的，所用的木质设施，基本上也是从原来那里拆除下来再安装上去的。先生介绍完这个来历之后，还笑呵呵地指着那个法庭说：我当年就是在这种法庭被审判的呢。

从类似的一些事情中，我很早就猜测先生就是一位日本共产党员，并且也能理解像他这样的学者在日本长期受到主流排斥的苦衷。明证之一就是，在日本，即使是在像立命馆大学这样的大学里，当年虽有不少身为日本共产党员的学者，但一般都不公开自己的身份，他人也不好直接询问。先生在口头上也是如此，直到 2004 年 5 月先生在访问浙大的一个晚宴上，他才第一次在我面前公开承认自己是一位拥有 50 年党龄的日本共产党员。

当天晚上，时任浙江大学党委书记的张浚生教授宴请来访的立命馆大学校长长田丰臣教授、校董畑中和夫先生一行，我也参与了接待。记得酒过三巡之后，先生突然向张浚生书记提出一个颇为尖锐的问题，让我翻译过去，我一时面有难色，但先生则催促我直接翻译过去，我只好硬着头皮照译。没想到深具外交家风度的张浚生书记笑呵呵地接过话题，谈笑间就对那个问题作出了圆满的回答，结果，紧张的气氛一下子就纾解了，双方逐渐把酒言欢，越谈越投机，酒酣之际，先生就把自己属于日本共产党人的身份以及党龄主动透露了出来，全场投之以敬仰的目光。

先生虽不善饮，但平常也喜欢小酌几杯。记得那天晚上他也喝了不少，到了最后，我们突然就看到微醉的他，坐在那里，用饱含深情的音调，唱起一段大家都依稀颇为熟稔、但一时又说不上名字的曲子。我们谛听良久，才脱口而出：是国际歌！是的，这位来自异国的老人，可能正在用他谙熟的俄语，独自唱着《国际歌》的曲调，那略为含混、但却坚定有力的音调，使得大家感奋不已，于是跟着一起合唱了起来。那情景，就连我这个非党人士，也受到了深深的感染。

但我在先生的声音中，还捕捉到一丝苍凉。只是当中方人士加进去合唱之时，特别是张浚生书记那洪亮的声音加了进去之后，那丝苍凉就被迅速冲淡了下去。然而，那种苍凉之音本身，应该是存在的，或许在所有在场的人中，唯有我才能捕获得到那种音律，并给予深情的理解。是的，像畑中先生这样的知识分子，在日本社会虽然因其职业而拥有一定的社会地位，但从其政治立场而言本属于少数派而已，诚然，整个国家的宪政体制可以容忍他们对国家政治体制所持有的深刻批判，但其共产主义的理想，在当今的日本不仅难以实现，而且受到排斥和压抑。

在先生的清唱中，我听出的，正是类似于一位老者，因大业未竟而感慨"逝者如斯夫"的那种苍凉。然而，当在场的中方人士不知这种滋味，把《国际歌》合唱成了"雄音"的时候，作为宪法学人的我也需要思考：即便社会主义在中国已然成为主流的政治建制与意识形态，然而我们是否已经彻底完成了立宪主义的历史课题。或许，从这个意义上说，我与先生拥有一种相通的情怀。

中国缘

先生早年曾在狱中开始学习俄语，后来果然成为一位苏联法专家，并在学术生涯的大半时期，对苏联宪法的研究倾注了心力，但自

20 世纪 80 年代起,即开始将注意力转向中国,并多次访华,努力推动日本学界与法律实务界与中国展开先行性的学术交流,其个人也在中国社科院法学研究所、中国人民大学法学院等学术机构拥有亲密的朋友。可以说,在现代日本法学界中,他是最早预见到中国之重要性的学者之一。

作为当代日本法学界的一位马克思主义者,他对于中国社会主义法制也有冷静独到的观察。在 1994 年与德国的学者 T. Würtenberger 合著的《现代法治国家论》中,先生就曾在自己所撰写的篇章中,对中国现行法治的特色做了如下四点的归纳:(1)与其说它把公民基本权利的保障作为直接目的,倒不如说存在这样的构造,即在第一层意义上是以维护社会主义体制或秩序作为目的的,由此助益于自由权利的保障;(2)为此,守法不仅是针对国家,更主要是针对公民而要求的一种义务;(3)与此相关,必须被遵守的"法"仅限于实定法,而不承认担保实定法的"高级法"背景;(4)正因如此,不存在拘束"立法者"的法治,而存在"立法者"的绝对性,即使法治的保障确立了可诉诸司法的形态,但既然拒绝了权力的分立,并立足于民主集中制的原则,最终必然确立以党的领导为保障的形态。

晚年的先生,视力急剧下降,只好放弃以学术为主的生活形态,而将个人的绝大部分学术藏书赠送于我。

赠书的过程也值得一提。2002 年夏季访日之际,他说起想将藏书赠送予我的打算,问我意下如何。我一听自然十分高兴,同时也感到一份荣幸,第二天便与一位同行的同事,一起带着箱子到了他家中,挑走了大部分自觉得具有价值的书。而对那些大量的马克思主

义法学类的书籍,我则声称在国内容易入手,便原封不动地留在他老
人家的书架之上。

回国之后不久的一天,我突然收到先生从日本寄来的几箱邮件,
打开一看,竟然全是上次留在他书架上的那些马克思主义法学类书
籍!我呆呆地看着那些书籍,不禁愧疚不已,心想,上次在他家中冷
漠地对待这些书籍的态度,一定使他老人家感到一丝心寒,而老人家
却默默地谅解了这一切。当然,从他执拗的后续赠书行动中,我似乎
也读到了老人的某种暗默的寄语。

先生早在这前几年就自立命馆大学退休了,此后一边在学校里
继续兼职,一边在京都律师事务所担任律师,不久之后,便开始涉足
一种特殊的实务活动,即处理一种战后赔偿案件。其背景是这样的:
“二战”期间,日本军队及部分日本企业,曾多次到中国、朝鲜、韩国等
地强掳青壮年人丁,前往日本各地从事采矿、冶炼、建筑等繁重劳动,
这些劳工在日本往往过着暗无天日的非人生活,直到战后才获得解
放回国。先生的工作就是与许多日本进步人士一道,成立民间的司
法援助团体,他们往往先一起自发垫资,从查阅研究各种资料、寻找
各国受害者开始,到雇用翻译,并且邀请受害者前去日本,帮助他们
向日本政府或企业提起诉讼,要求损害赔款。但由于日方总是以《旧
金山和约》已经放弃了民间个人赔偿请求权为由,拒绝对此作出赔
偿,为此这类案件打得无比艰辛,所垫付的资金大多也付诸东流。

记得 1997 年我在香港见到前去参加会议的先生时,便问他:到
底胜诉的可能性多大?

他说:当然很小。

我不忍心说：那为什么还要打呀？

他像往日那样看了我一眼，然后语重心长地说：现在受害人的年龄越来越大了，如果不抓紧打官司，今后就更难找回公道了；当然更重要的是，我们从一个一个的个案做起，通过宣传可以教育民众，让普通日本人都知道我们日本人是欠中国人民的，这样也会慢慢形成声势，最终推动整个情势的改善。

我听罢颇为之动容。我也深知道，先生所言的"教育民众"，显然是共产党人的一种惯性思维，而其乐观主义式的结局观，也属于共产党人所富有的一种情结，但真正令人钦仰的是，一个在日本社会属于受到高度尊重的阶层的人，却为了在中国就几乎被遗忘的战前受害者，同时也是为了人类公共的正义事业，不惜历尽艰辛，不计个人得失，帮助异国人将自己国家的政府和同胞告上法庭，让他们讨回公道。

先生晚年坚持参与这项司法援助活动的最终目标，可能远非如此，只不过他对此特别慎言而已。根据资料判断，他与一批日本进步人士之所以要选择这些连当今的中国人都较少记得其具体历史背景的"战时强掳劳工案"来"较劲"，似乎是基于法律方面的专业判断，认定在许多战后赔偿案件之中，这类案件是较为适宜作为一种典型案件的，以便将此作为突破口，进一步引出战后赔偿问题，乃至彻底促使日本国人和政府对那场战争进行全面的反思。

先生直至晚年卧病之前，仍然不辞劳累地参与这项司法援助活动，并多次奔走往返于日本各地与中国河南等地之间。而那种长年累月"屡败屡战"的精神，实在令我钦仰。扪心自问，当下的我，就未必能做到这一点，至少难以做到为了某种公义，为了异国人，就敢与国人反目，与政府叫板，更遑论像古希腊神话中的西绪福斯（Sisyphus）那样，在陡坡上咬紧牙关，反复推石上坡，然后失败重来。

是啊！像先生这样的理想主义者，注定要在其所从属的国族中备受排挤的。但我也时常在想：其实，一个国族，不妨存在一些这样的理想主义者，他们自甘承受冷遇和失败，却敢于反思整个民族的历史文化和社会现实，就像苏格拉底所说的"国之牛虻"那样，时刻叮咬着国家与民族，使之时刻警醒，并奋蹄向前；在我看来，整个大和民族，也正因为出现了像先生这样具有非凡人格的贤者，才值得我们予以尊重。

诀别

2006 年夏季，我和家人带着怀旧的心情，一起到日本旅游，重返当年曾经学习生活过的故地，并去探望抱恙在家的先生。那次我们专门买了花束，来到先生的家，由小女儿代表我们全家献给他，老人家舒怀地笑了。

没想到，那次竟是我与先生的诀别。

记得那次当我询问起他的病情时，先生还从容地说明了几句，显得十分淡然。随后他就拿出一本当年新版的日本法律汇编——三省堂的《模范六法》在手上，像往日那样调皮地笑着说：君（きみ），这个再送你，条件是你不能在学生那里批评我对你太严厉哦！

当我们离开他家时，先生还执意要开车送我们到车站，并在车站附近的一家旋转寿司餐厅请我们一起吃饭。饭毕，他像往年那样要掏钱,我轻轻按住老人的手,说:"请让我来。"

分手时,先生很平静,就像往常的分别一样。看着显得格外衰老、憔悴的先生,我突然想上前去紧紧握住他的手,或抱住他变得日益消瘦的肩膀,但望着俨然肃立的他,只好咬紧牙关,深深地鞠了一躬,再驻足目送他上车,远去。

这是先生最后一回当面称我作"君(きみ)"。

第五辑

杂言补拾

"学术幼稚病"的 N 个表现[*]

　　曾几何时,"法学幼稚病"之说大肆盛行,其意或指脱离于现实语境的抽象空谈,最终沦为封闭知识的自言自语,或指带着"不思"的盲目,轻取西方的制度与规范,以至甘心成为单纯的西方学术的二道贩子,诸如此类,不一而足。

　　然而,在我们承认这种大煞风景的悲哀之后,我们又会反思:这只是呈现了在特定的学科发展阶段中,一个特定的学术群体的研究情况的概貌,而并不具有某种属于特定的时代、不以人的意志为转移的宿命色彩。与此相反,比如,当下中国作为一个"法治发展中国家"的客观现实,就是一个不易超越的时代背景,一种我们必须背负的时代命运。但上述"学术幼稚病"却未必有此种必然属性。虽然,具体到该研究群体中个别的研究主体,似乎也可推断,莘莘诸君确实有着某些"学术幼稚病"的症候,但是对于上述的时代命运而言,这不过是组成时代风景与命运的人为性要素。而既然作为人为性的要素,则意味着可以总结其症候,从思想上予以精神诊断,并加以对症下药。

---

　　* 原载于《法制日报》2009 年 2 月 11 日版。现有订正。

那么，究竟这种个体性的"学术幼稚病"有何表现呢？结合自己在学术成长过程中（目前还在成长之中）的种种体味，并环顾许多学子的情态，特此总结出如下 N 个表现。在此须特别声明的是：凡此种种，均仅属个人观察所见，而且又自然是"不完全统计"的结果，谨此作为"引玉之砖"，唯望大方之家切勿"对号入座"也！

以下兹一一列举：

- 暗里发誓"不成名便成仁"，认定做学问就是为了成名成家。

- 以为所有名家都是不便批评的权威，或者以为所有名家都是"不小心"混出来的。

- 以为写一些"与某某（名家）商榷"的文章，就可以快速成名，甚至一举成名；于是便准备炮制"也论法律的概念——与哈特商榷"之类的文章；甚至，后来知道哈特已经去世了，就接着写"也论法治的本土资源——与苏力商榷"之类的文章。

- 发现自己做学问时屁股老坐不住，于是长叹一声，决定走学术明星的路子。

- 漫漫学术路，始于听讲座。如果是知名教授来讲座，就去看看他的风采；如果是其他一般人来讲座，就去看看其他年级的 PPMM 或 PPGG。

- 在讲座的提问时间中，积极举手，但先是用几分钟时间语无伦次地（也可能因为激动）阐述自己的观点，最后提出了三个问题。

- 听完一场讲座后，觉得讲者只有一句话对自己还有点启发，因此对身边的 W 君说：讲座真没劲，今后打死我也不再凑这种热闹了。

- 以为凡是有注释的文章就叫论文，而且注释越多越好。

- 决定将"论法治"之类的题目作为自己学位论文的选题，然而对 T 君说：喂，这题目我写定了，你们别再写了哦！

- 导师说"论法治"这个论文题目太大了，于是一急之下就说：那我改成"论中国法治"。

- 看到 T 君的论文题目是"论德国的……"，便哑然失笑了，说：中国人为什么要写外国的呢？

- 争取把入学以来所想到的所有学术问题和所有学术观点都写入学位论文，并争取写成鸿篇巨制。

- 论文主要包括如下三部曲：第一，我国的问题状况；第二，另外一个国家（尤其是美国）的做法；第三，我国的有关改革构想。

- 认为论文就是要大胆提出个人见解，为此在论文里写了很多"笔者认为"，其中一个是："笔者认为：法治对一个国家而言具有十分重要的意义。"

- 以为在学术研究中，外语最不重要，或者最重要。

- 下意识地把皮格马利翁效应带入自己的学术研究，由此，在研究了施米特的某个问题之后，就认为施米特说得太精彩了，并同时认为凯尔森完全是扯淡。

- 不同意某君的某个学术观点，就觉得此君没有学术水准，甚至觉得他的那两颗大门牙越看越难看。

- 引征某问题的相关学术观点时，将那些持不同见解者的观点忽略不计；或者刻意不引用某君的学术观点，以为这样就可以有效降低他的被引用率或影响力。

- 在研讨会上抢着发言，并且认为发言时间越长越好。

- 对别人在讨论中提出的见解很生气，愤而批评道：这个问题早在多年前我就写过文章专门论述过了，你居然还那样认为！

上述这些纯粹是从现象层面勾勒出来的情形，并不是对于"学术幼稚病"的实证研究，因此并没有从概念上推理或归纳出可以普遍化的结论，若是读者诸君读到此文时，会觉得这些情形仿佛就在身边，那么在下的意图也便实现了。

此外，或许还会有人疑惑，为何在上述的诸多情形中，有不少的情形是指向并非正式学术人士的学生，毕竟，他们中的多数人还处于成长期，由此在学术上有如此表现便自然而然了。

但笔者却不这么简单地认为。一个让人惊醒的事实是，即使是年长的学人，也未尝不会有同样或近似的表现，职是之故，上述表面指向学生的描述，便具有了某种隐喻的内涵。

教师节感言[*]

法的学说很容易过时，为师者的风格
或更能长留。天下的许多人都正在为生
计而艰辛劳作，请时常记住我们是由一个
贫弱的社会供养起来的一群人，并时常怀
着一颗感恩的心、一颗谦卑的心，去珍惜
这份淡泊的福分吧！

——题记

曾偶尔读到一位律师在他博客里写的一句话："在中国，一般是
无法适应社会的人才会沦为一个教师（的）。"接着这位年轻人就快人
快语地诉说，最近雇来的几个法学硕士生——即教师们所教出的徒
弟，是如何的不中用。博客文章下面的评论栏里，果然应者如云，而
且一片喝彩。而作为一个"沦为教师"的人，我看了之后，陷入了
沉思。

---

* 原文写于 2006 年 9 月教师节来临之前，发表于个人博客，现已修订。

但不管如何，就我个人而言，作为一个生性疏凝、骨子里有些慵懒的人，今生今世恰好能谋上教师这一职位，总有一份不可自禁的窃喜在心头。更兼母国又有"教师节"这项庆典，到了这一时节，门生故人总有问好的，更是倍感自足。这也是一种无法免俗的感受，俗称"教师节快乐！"

诚然，正如许多人所言，在当今中国，但凡为某个特定的群体设定个特定的"节日"，那个特定群体必定属于弱势的群体，有如劳动者、妇女、儿童即是，教师也概莫能外。而如果对比其他国家或社会，比如笔者多少有些了解的日本，我国当今教师的地位则逊色不少。在日本，从小学教师到大学教师，都被尊称为"先生"，而整个社会可以被尊称为"先生"的人，除了教师之外，一般严格地扩大适用于国会议员这样的政治家，或像医生、律师这样的高级专业人士，其中，教师尤具有崇高的地位，以致被认为属于一种"神职"。如下一段逸闻，更说明了这一点——

当今日本有一位民法学者，在年轻时刚刚留校不久，有一天，他母亲在家里接到了一个电话，对方很礼貌地问道："请问某某先生在家吗？"因为是第一次听到自己的儿子被尊称为"先生"，这位母亲十分激动，尤其是当她得知电话那头尊称她儿子为"先生"的这位人，正是他儿子在东京大学的导师、当时日本民法学界大名鼎鼎的权威学者我妻荣教授时，老人家更是手足无措，以致流下了激动的眼泪。当天晚上，那位年轻人回到家中，当他从母亲那里得知事情的全部经过时，他也感动地哭了。后来，这位年轻人也成为日本著名民法学家之一。他就是当今中国民法学界也颇为熟知的星野英一先生。

虽然这一感人的故事,是发生于日本这样的国度,但是,每当想起这段故事时,我反而领悟到,作为教师的我们,即使在当今中国受到一些讥评,或受到一些委屈,也不应有太多怨言,因为,或许日本人已经为我们揭示为师者的崇高,并确认了为师者的崇高,我们夫复何言?要知道,即使在我国,由于直接得益于自身的传统文化,韩愈在《师说》中所说的"传道授业解惑"这种劳作,历来还是被赋予了一定神圣性的,而且在某些时候甚至有过当,以致在民国时期的大学里,按照季羡林先生的回忆,教授竟然达到了"被视若神人"的地步了。当今,教授的这等风光虽然不复再有了,但要再退到"臭老九"或"九儒十丐"的地位上去,其概率也已变小了。从总体上说,在我们的文化语境之下,只要为师者本身能恪守自身的使命,懂得自尊自爱,教师作为人类历史上最古老的职业之一,还是较为容易被神圣化的。

如今,想来自己的弟子中也有当上教授的人了,而且这些年几乎每年都有学生不断加入了教师的群体,今后仍有一批弟子继续走向教师的岗位,值此教师节即将来临之际,鄙人特别想跟他们说三点共勉的话:

第一,自"天地君亲师"的传统礼制崩摧了之后,为师者也幸免了"夷十族"时的连带责任,但为师者本身仍然不可免于最低必要限度的道义责任。人类不是天使,我们都有人性上的弱点,尤其是在近年来一些有关师德的事件发生之后,教师节同时也应成为我们躬身自问康德所曾敬畏的那种"内心道德律"的重要契机。

第二,请尽量保住一份淡泊,继续做一名可以甘于清苦的教师吧!请切记:尽管大学之间优胜劣汰的时代即将到来,"大学"制度本身也可能在未来面临被彻底改革的可能,但即使当今中国任何一所再浮躁的学堂，也需要真正能够热爱"教书育人"的教师。请我们自觉承担起这样的天职，并体验这种被真切需要的快乐！

第三，法的学说很容易过时，但为师者的风格或许更容易长留。狷介也是一种风格，但思考并不是我们的特权，人世间的社会在终极意义上也是经不起思考的，天下的许多人都正在为生计而艰辛劳作。请时常记住我们是由一个贫弱的社会供养起来的一群人，并时常怀着一颗感恩的心、一颗谦卑的心，去珍惜这份淡泊的福分吧，这才谈得上所谓的"教师节快乐"！

卓越的道义是担当

2015 年秋季在清华大学法学院代表教师迎新致辞

> 凡庸者也有凡庸者的尊严，
>
> 卓越者应有卓越者的使命。

——题记

亲爱的同学们：

你们好！

我们法学院有一个有效运行的惯例，每位教师在清华大学的执教生涯中，各自轮流在开学典礼或者毕业典礼上代表全院教师给学生们做一次致辞。我以为自己更适合于在毕业典礼上致辞，这几年私下里酝酿了好几次底稿，但都没有成功。今天，我被安排做开学典礼的致辞了，而且很难拒绝。

那就请允许我代表清华大学法学院全体老师，对你们每位同学，进入清华大学法学院学习，表示热烈的欢迎吧！说实在的，此时此刻，当我一眼望向你们的时候，就像一位带着沧桑感的老农，望见了一片金灿灿的、颗粒饱满的种子那样，心中充分了无限的欢欣！

　　我也不能免俗。我还要祝贺你们经过艰辛的努力，成功地考入清华大学，考入我们法学院！"桃李不语，下自成蹊。"在这里，我无须盛赞这所大学在中国教育界的地位，也不必夸示我们法学院的实力。我只想说：时至今年，清华大学法学院恰好迎来了恢复建院二十周年，但它接续了民国时期清华大学法学院之遗绪而终致不辍，也是一件幸事，如今更是生机勃勃、欣欣向荣，为国内乃至国际法律学林所瞩目。至少在一份网络上广为流布的《全国各大法学院吐槽》的博文中，也是唯一被"吐槽"最少的法学院。

　　接下来，我自然还要对大家说一些勉励的话。要知道，我今天做这个致辞，意味着今后再没有机会在我们法学院做这样的致辞了，所以难免语重心长。我也没有准备一些应景的"段子"，诸如说：同学们啊，请记住，不能在图书馆里喝酒！否则，如果被我碰见，你必须当场请我喝一杯！

　　是的，如果根据法国思想家福柯的理论，入学典礼正是规训的开始了。但时至今日，公法学上的特别权力关系原理恰好趋于式微了，我只能超越说教与训诫。然而，我也不愿彻底沦为"心灵鸡汤"的烹调师。我只想从一个贴心的为师者的立场出发，倾吐一些由衷之言。

　　当我教过的学生越来越多之后，有一天我终于发现了：凡庸者也有凡庸者的尊严，卓越者应有卓越者的使命。是啊，每一个国家、每一个时代，都需要一批所谓"卓越"的人才，也注定产生出这样的一批天之骄子。据说，他们的平均比例大致占人类社会成员的5％。你们无疑是来自全中国以及世界上许多不同国家中最优秀的学生。或许有人会认为，当你们进入清华大学的那一刻，就意味着已经进入了这个范围。但这个想法太"甜蜜"了，可能有害健康。合理的答案只能说：竞逐刚刚开始，结果还没出来；但既然你考入了清华，既然进入了法学院，那就只能追求卓越，而且义无反顾。

是的，在清华，"卓越"这个词汇无法回避，尤其在入学典礼之上，关键只是看你如何理解它的意味。在这一点上，我认同：作为清华人，尤其是作为清华法律人，追求卓越就是你们的使命，因为它含有一种道义。卓越的道义就是担当。具体而言，追求卓越不仅只是为了实现个人的存在价值和人生理想，也应该为增进社会福祉做出更多的奉献，为国族乃至全人类的共同命运多一份担当；只有将人类的共同事业融入个人理想的人，才堪称真正的卓越。

或许你们中的个别同学对我这些用"大词"构成的见解表示不解，认为自己之所以能考入清华，完全是因为自己特别优秀，同时也是个人努力的结果，为此完全可以心安理得享受像清华大学这样的大学所提供的优越的学习条件和成长环境，凭什么还要追求卓越，而且还要多一份担当呢？

我理解这种个人主义的逻辑推论，但对其逻辑起点不敢完全苟同，因为这里暴露了个人主义思想的内在矛盾。试想：即使你们每个人完全是凭借自己优秀的禀赋考入清华的，你们每个人也必然处于一种历史性的社会关系脉络之中，比如，你出生在一个优裕的家庭，又或拥有良好的遗传基因，使你成为优秀的个体，但如果仔细分析就会发现：这一部分的因素并不是你个人努力的结果，甚至不是你个人正确选择的结果。当然，你可以说，可这一切是我爸爸妈妈给的，但同理而论，总有一些部分不是你父母个人努力和选择的结果。

正如当代英国哲学家麦金泰尔（A. C. MacIntyre）所说的那样：每个人的生活故事总是内嵌于那些共同体的故事之中，从这些共同体中，"我获得了我的所是"。这就决定了，尽管你很优秀，但一旦你选择以及被选择在清华大学享受比其他许多大学的学生更为优渥的教育条件，那么，你就必须追求卓越；而且不仅是为了个人而追求卓越，还应该为人类社会的公共福祉而追求卓越。

这就是我所理解的卓越在清华的意味。

这就要求，你首先不能把考上清华大学法学院，作为你个人的终身成就。否则，梅菲斯特也会笑出声音来的。

所以，你来到清华，无疑要将学业放在第一。这几乎无须赘言。你不必推脱时代有点浮躁。偌大的清华园里，如今还是可以安放得下平静的书桌的，更何况书桌是否平静，终究取决于读书人自己的心态。剩下的关键，就在于你是否坚毅，因为时至今日，人类的智慧和能力仍然不能简单地复制，刻苦的学习依旧是培养自身卓越才能的重要方途。当我在 2010 年 5 月戒掉了烟瘾，为自己 27 年的烟龄打上了休止符的时候，一位朋友说，你完全可以加入中国共产党了！我说：光凭这一点那不一定够格，但它至少证明了我还有继续学习的毅力。

说到学业，它在内容上是有结构的。作为法科学生，你当然首先要学好法学专业知识，培养卓越的职业技能，尤其是要深刻理解和彻底掌握那些为法学专业所特有的、具有优异之处的精神、原理与方法，比如追求正义的精神，崇尚依据明文规范、正当程序以约束主观肆意的原理，讲求通过说理论证解决各种纷争的方法，等等。在此，作为一名宪法学人,我还要特别强调,作为清华大学法学院的学生,你们还要学好宪法学,尤其是要深入理解立宪主义的精义,放眼未来的中国。

但仅此的确是不够的。对清华大学法学院的学生而言,我认同2007年耶鲁大学法学院院长高洪柱(Harold Koh)教授在迎新致辞中所提出的观点。他说:"没有某一门单独的学科能够垄断智慧。"为此我们也要重视跨学科、跨专业、国际化的学习。据说,当今中国,法学院已经多达600多所了。唯有拥有跨学科、跨专业、国际化的视野和优长,你们才可能真正赢得卓越。

除了学业之外,就是个人的品格。对清华大学法学院的学生而言,如果说还有什么比学业更为重要的话,那就是学会养成优良的品格。一个优秀的人,如果没有优异的品格,很有可能成为备受诟病的"精致的利己主义者",绝不可能达到卓越的境界。

什么是优良的品格呢? 清华大学的校训就表达了其部分的内涵。众所周知,这是来自中国古代神秘的经典《周易》中的两句话:"天行健,君子以自强不息;地势坤,君子以厚德载物。"据我知道,很多清华人将这两句话作为座右铭,并由此终身受益。

你们还需要培养这个时代最需要的品格。当今中国,"依法治国"的号角再次吹响了,但在可预见的视域之内,一个精神上激越的时代即将到来,它可能是继迄今为止物质泛滥时代之后所出现的一种意见泛滥时代,但却面临了公共论坛稀缺化、价值秩序流动化等严峻的挑战,从而可能使社会和公权走向更加偏激,走向更大的不确定性。有鉴于此,作为法科学生,你们需要学会针对浮躁而沉静,针对极端而中庸；针对纵欲而淡泊，针对暴戾而平和。而作为清华大学的法科学生，你们不仅要培养法律人高贵的心灵，更重要的是要学会体察人世间的一切艰辛与苦难；不仅要学习批判的精神，更重要的是要学习不怕被批判的精神，甚至包容批判者的精神。凡此种种，均殊为重要，因为这些寄托了中国未来的希望！

孩子们！我的上述期望也许过高，如果你真的不堪重负，也没有必要把它当作沉重的负担，以致惶惶不可终日，闹出心理疾病。是的，如果你做不到卓越，那不妨选择平凡，只要你尽力就好。而当你真的选择了平凡，也可以选择一种有境界的平凡。有一个故事说的是：坐在路边，为英雄鼓掌。这也是一种深受欢迎的品格。而且，你不一定非要坐在路边，你完全可以选择站在路边，为卓越的人鼓掌。

同学们！我即将结束我的致辞，这也意味着今后我再也无须在入学典礼或毕业典礼上做如此蹩脚的致辞了！此时此刻，一丝轻松的快意掠过我的心田。最后，请允许我转引《圣经》上的一句我所喜爱的箴言——它也适合于毕业典礼的，作为结语送给大家：

要修平你脚下的路，坚定你一切的道。

1. 在这春寒料峭之际,我们在这里与宪法学遭遇。

2. 我叫林来梵。但对于这个名字,很多人可能会浮想联翩,以为我是个和尚,或者属于迟早要出家的人。

3. 据说,四川方言就把"宪法"读成"闲法",因此,"宪法嘛,就是闲法!"

4. 太穷了就不宜学法学,因为你容易偏激;太富了也不宜学法学,因为你可能缺少对人类苦难的理解。

5. 法学和神学一样,都可能是最缺少批判精神的学问。

6. 如果你个人的性格具有批判性,那你就未必适合去搞法律;如果你的批判性很强,那么你未必要去当法官,否则,那就是误入歧途。万一你真的不幸被录取到了法学院的法律专业,那又该怎么办呢?只有一条很窄的路可走,那就是:请跟我来,做学者去。

7. 宪法学是遑遑正论,所以宪法学者往往很严肃。日本明治时期有一个宪法学家叫穗积八束就是这样,即使在大学的校园里,他的

* 本篇各条是前几年笔者在给浙江大学、清华大学各年级学生讲授《宪法学》课程时由不同学生所辑录、并经笔者选辑和订正而成的。

脸也板得像一部宪法。

8. 虽然宪法里面没有规定一夫一妻制，但是宪法里存在男女平等的条款，这个条款决定了婚姻法中不能规定一夫多妻制，当然也不能规定一妻多夫制，否则就违反了宪法规范。

9. 话说耶鲁大学的阿玛尔这位宪法学家，他出差时就经常随身携带一本美国宪法典。我有时跟他也差不多，出差时也带着一本中国宪法典，当然，有时也放在枕头旁边，晚上睡不着觉的时候，就拿起来翻一翻，这样就睡着了。

10. 罗斯福总统是非常伟大的，他去世后，美国人民悲痛得受不了，但是到了1951年，美国人还是通过了宪法第22条修正案，明确规定总统连任两次为限，绝不能再让总统连任到最后要驾崩在总统任上。

11. 美国宪法的序言只有一句话，包括副词在内总共有52个单词，我备课期间还专门数了一下。而我国宪法序言包括标点符号在内，共有1794个字。与大部分西方国家或成熟的宪政国家的宪法序言相比，我国宪法在长度方面是能占据优势的。

12. 拥有最长序言的是南斯拉夫1974年宪法，有一万多字，相当于一篇本科毕业论文的长度。

13. 据说前几年有农民用粪便去对抗地方政府的强制拆迁，显然这就涉及宪法问题。无疑，在那农民愤怒地高高扬起的粪便之中，也可能深深地浸透着立宪主义宪法的权利保障精神。

14. 西耶斯在整个恐怖年代里都一直稳坐在国民公会里，安然无恙。他是如何做到这一点的呢？很简单，那就是基本上不开口说话,既不发言提问、参加辩论,也不进行演说、提出议案,很像是当今中国的一些人大代表。恐怖时期结束之后,有人就调侃他:你老兄在这整个时期内都干了些什么?他非常平静地做了一个天才的回答,他说:"我一直活着。"

15. 一个时代向另一个时代转变并不容易,就像一个人变成另一个人也是非常痛苦的一样。

16. 宪法学与政治学的区别主要就在于:宪法学实际上是一门围绕规范展开的解释学。

17. (拉伦茨《法学方法论》)这本书非常重要,如果同学们能买来读一读,那么你们的功力会在短时间内迅速增强的。

18. 文艺作品、艺术作品或者法律等一切应当解释的对象都称为"文本",而有一种观点认为,这些文本一旦诞生,它的作者就"死"掉了。

19. 在法治国家里,一旦被判有罪,哪怕只被判罚金一千块钱,案底留在那里,是终身受到影响。不像在我国,被关进去几年,在里面还自学法律,出来以后又可能是"一条好汉"。

20. 宪法解释应该怎么做?我认为可以总结为一句话:"改变不能接受的,接受不能改变的"。

21. 如果在美国学习宪法,大多数教科书开篇就讲"马伯里诉麦迪逊案",因为此案异常重要,以致如果不提"马伯里诉麦迪逊案",大家可能就觉得这本书有创新。而如果哪个法学院的学生竟然不知道此案,那绝对是学艺不精,因为他一开始上宪法就逃课。但你即使懂得此案,也不等于美国宪法你全懂了——你也可能在美国只听了几节宪法课,然后就逃课了。

22. 中国现在越来越多的人知道"马伯里诉麦迪逊案"。为什么呢?因为我们盼星星盼月亮,就盼着类似案件的到来,在自己的制度没有建立起来之前,先研究研究别人的制度也可以过过瘾。

23. 这里(指马伯里诉麦迪逊案)最有趣的是,虽然在本案中马伯里输了,可是他又赚大了,因为这个倒霉蛋从来都没有想到,他个人职业生涯中的一次意外的挫折,让他的名字长留在美国的宪法史上。

24. 同学们,请大胆地思考,即使头发都掉光,也没有关系,未来的雕像会恢复你的发型的。马歇尔(在美国联邦最高法院)的雕像,就是这样的。

25. 我看完马歇尔的雕像后,十分震撼,需要思考,就和我的儿子进入了联邦最高法院的地下餐厅,但那里吃的东西卖得很贵。

26. 违宪审查制度具有一种类似于"排毒养颜"的功效。

27. 这部分内容(指宪法中有关经济制度的规定)也是宪法中变动最频繁的,经历了多次修改,所以可以把这部分内容称为我国宪法中的"动感地带"!

28. 简单地说,在整个政治体制当中,人民代表大会作为国家权力机关就像妈妈一样至高无上,诞生出其他孩子,并监督他们的生活。

29. 人大还缺少应有的权威,过去甚至被说成是"橡皮图章",以至于有些领导干部快退休之前就被安排到人大里面去任职,号称是"退居二线"。

30. 现在人大的会期比较短,就那么几天时间,这几天时间里面议程往往排得非常满,要听领导报告,还要审议通过一些法律,其实有些法律条文还没有看明白,就开始表决,而哗啦一下投票就通过了,接着大会也就胜利闭幕了。报道出去的都是"团结的大会、胜利的大会。"

31. 在国外,尤其是成熟的立宪法治国家,普通的市民经常会谈到宪法上的问题,并且有些人还以能讨论宪法问题为荣,也许男孩子在和女孩子谈恋爱的时候,偶尔在人权问题上发表一番高论,也能立刻让女朋友刮目相看。

32. 对人权的批评,反而会陷入自我批评的悖论。也就是说:你既然批评人权,那好,首先你自己可能被要求闭嘴。但现代人权保障体系中,对人权进行批评,同样也被作为一种权利而受到保障。

33. 我们应该承认,思想家很重要,洛克就曾影响了美国宪法,至少是其中的一两个重要条款,而且通过影响美国宪法,进一步间接地影响到其他国家。

34. 在古代的西方,自杀本身被看作是一种罪恶,为此自杀者本身也可以受到审判,不管自杀成功还是失败,都要接受审判,即使成功了,也要对尸体进行审判。

35. 不管如何,假如"和谐权"真的能够成立的话,那么它就是一个唯一不靠斗争而来的人权,恰恰相反,是人民摒弃"为权利而斗争"的权利。

36. 这些人穿着白大褂,胸前、背上还写着"公民住宅不受侵犯"等文字,保安就认为这是上访行为,要求他们赶快脱下白大褂,以便建设和谐社会。

37. 大学毕业时女生拍露腿照，也属于表达自由，但与言论出版、游行示威等具体类型不同——你总不能说人家把自己的美腿露了出来就是"出版"，或者说是在示威吧？

38. 上访主要涉及监督权，但肯定也涉及表达自由。比如说我去上访，不可能到了某个部门一声不吭。你总要说话的。你不说话，人家可能怀疑你是不是哑巴，是哑巴那又是不是被地方官员打成哑巴了。

39. 言论自由也是有界限的。比如你在（美国的）机场安检入口处突然碰到你的一位朋友，他的名字叫杰克，你很兴奋的喊道：Hi, Jack! 那说不定你可能当场被航警抓起来，因为你很兴奋地高呼：Hi, Jack! 那就可能被听成"我劫机啦！"航警还以为你是恐怖分子呢。

40. 同学们以后要记住：其实我们的法律事务，主要的工作也就是调整不同利益、不同权利之间的冲突，而所用的方法中，最重要的其实也是利益平衡。天平之所以成为法律工作的象征，道理就在这里。

41. 宪法禁止歧视，但有些歧视宪法也禁止不了。比如说，你有一个同学经常趁你不在的时候把自己的生活垃圾丢到你床下，还往里面吐痰，那你会不会歧视他？如果有可能，你甚至不情愿和他呼吸同一个星球上面的空气！

42. 那些年，法院在所谓"宪法司法化"的过程中倾向性地只将人权规范适用于私人之间的关系，而非适用于私主体与公权力的关系之上,这就有"专拣软的捏"之嫌了。

43. 六大类型的基本权利在现实中到底保障得如何呢?我用几只小猫来说明(指课件),它里面躺着五只小猫,可惜只有五只,一时找不到六只猫的照片,但五只小猫都在睡觉。

44. 如果大家都默默忍受基本权利遭受侵犯,那么基本权利就真的会像猫咪一样在睡懒觉了。

45. 因为这里所说的人是抽象的,所以才是平等的人,不问你的出身,不问你的职位,不问你们所有的先天性的差异和后天性的差异,一律平等对待。

46. 比如说百米赛跑,没有特别理由,其他人的起跑线都设在你前面,这还不算,还要给你的双脚绑上铁链让你跑,这就是不合理差别。

47. 合理差别也有一定的限度,不能太离谱,否则也会构成逆反差别。比如累进税率制度也应如此,否则,这个社会里的人就都不愿意通过辛勤劳动创造财富,大家都愿意做穷人,坐在家里等着政府救济,而富人或者有能力的人就可能纷纷移民,逃离这个国家。

48. 很多同学都梦想着自己能够像小鸟一般自由地飞翔。如果你梦想成真,你就不必享受宪法上的自由了。因为你展开翅膀就可以享有自由了。甚至在有专制统治者压迫你,比如要你缴纳苛捐杂税的时候,你可以不必理会他,张开翅膀扑腾扑腾就飞走了,连一根羽毛都不留给他。

49. 大家要切记,不要滥用生存权这一概念,认为一个人要活着,就是生存权。

50. 尽管我在自己的职业生涯中比较尊重一些同学的逃课自由,但在此还是要说:对逃课自由的适当限制是应该的。

51. 比如,你被警察拘留或者逮捕了,关押的时间长了,你就产生这样一种愿望:是死是活,法院你早点给我一个了断。这样,你就可以理解"裁判请求权"这个概念了。

52. 在当今西方国家,许多学者从司法权的强化中也看到了所谓"司法国家"的光芒。司法权的雄起很重要呢,因为以此可以在一定程度上替补已经趋于弱化了的立法机关的功能,去继续牵制不断肥大化了的行政权,以达至整个国家权力架构内部的新平衡。

53. 日本有一位著名的宪法学家,名叫杉原泰雄,他一辈子的主要工作,就是集中研究主权原理和代表制,而且主要还只限于研究国民主权和人民主权,研究完了他差不多也就退休了,而其最终的学术成就之高,也令人佩服。

54. 臭汗淋漓的民主制——指古希腊雅典城邦的一切重要事务由人民在广场中直接表决,但排斥女性、儿童与奴隶的参与,在热天时均由男性公民挤在小广场之中民主投票的状态。

55. 民主的成本也是很高的,所以亚里士多德曾经赞成古希腊搞奴隶制,好让公民们安心上广场搞民主。现在我们每一分钱都要自己挣,如果你整天积极参加广场民主,挺兴奋的,但到了晚上回家一看,就会发现晚饭都还没有着落呢。

56. 我曾经一朗诵这几句名言(为天地立心、为生民立命、为往圣继绝学、为万世开太平),胡茬都会立起来。早上剃须时,一边朗诵张载的这四句名言,一边操刀剃须,就能让胡茬竖立起来,然后很容易就能将它们剃掉。

57．突尼克(裸体摄影师)的作品展现的是"一群返回原始状态的最为平等的上帝的孩子"。

58．原本像游行、示威这样的行为在本质上是个人通过集体行动来行使他们各自所享有的权利的方式,政府却把这种"集体行动"负面地定义为"群体性事件",这是不恰当的。

59．在有些人看来,法律(宪法)之所以可恨,因为它总是拆解政治幻想。

60．在中国,刑法往往被看成是最重要的,其他的部门法都被看成扯谈。中国人的法治意识在成长中,路漫漫其修远兮。

61．施米特在当今中国很是有名,许多政治学者、哲学家、法学家都关注他,觉得他的思想实在太有说服力了、太深刻了,于是纷纷拜倒在他的脚下,好像他穿裙子似的。

62．如果你抵挡不住诱惑,请你不要轻易接近施米特,这就好比让一个十六岁的男孩接近妖艳的美女一样危险。

63．年轻人一长了青春痘就会急于去挤它,结果越折腾越发炎。其实,宪法上的一些用语,特别是一些带有政治性的、又有待于事实发展的用语,我们不妨先不用急于去界定它。

64．两高的司法解释比全国人大制定的法律本身更普遍更直接地适用于司法过程,这是有问题的。

65．不要轻易言战。

66．在有些人看来,法律,一定意义上就是用来违反的。

67．在中国,什么事如果在党内观点不一致,就无法在社会上达成共识,为此改革就举步维艰。

68. 恨不得把中国城管拉出去,摆平其他国家的动乱。

69. 人参是最有营养的,但不适合严重的病人,中国要向西方学习时,也要懂得这一点。

70. 政法干部自认为是党的保安,有些法院还自认为是专政的工具。

71. 从 GDP 至上观念就可以看出人类的傲慢与中国人的肤浅。

72. 有法律,就必须有救济。

73. 孩子们,听我讲,假如你有勇气自杀,你为什么没有勇气活下去?

74. 女生们,你们一定要记住:世界上没有哪个男人是值得你去为他而死的。这一点我很清楚,因为我也是"男人帮"中的过来人。

75. 世界上所有的监狱,同学们,能不进去就不进去。

76. 中国的很多问题看上去已经解决,但实际上没有完全合理的解决,最根本的原因在于法治国家大厦拱顶石——违宪审查制度——还没有建立起来。

77. 宋江上梁山之后,聚义厅就改为忠义堂,并打出"替天行道"的思想,这就使得意识形态转变了。有纲领者治人,没纲领者治于人。

78. 年轻人没有智慧,一长了青春痘就去挤它,眼睛一进了沙子就去揉它,结果越折腾越发炎,就像社会主义这个概念一样,我们可以先不用管它。

79. 日本的京都是模仿西安建成的古城,中国人到了那里会感到很熟悉,就跟感觉自己的家乡被占领了那样。

80. 敌人,往往因为有些人的需要而产生。

81. 如果依靠羞辱去阻挠犯罪,那么这个社会是恐怖的。

82. 同学们一定要记住,如果你没有实力,就不要轻易去追求过于美好的理想,就像没有实力,别去追求美女来做妻子那样,否则你不但保不住,反而可能制造出人间悲剧。

83. 在资本主义社会,对人的评价一定要小心,客观的评价比如说"天黑了"是可以的,主观性的评价比如说别人"心黑了",往往被认为侵犯了别人的权利。

84. 有人说,相对合理主义的理论,是我有生以来听过的最庸俗的理论。

85. 表达自由是民意通道,不可堵塞,否则政府会出问题。

86. 在美国,胖的人一般也会被暗自歧视,因为他们会被认为意志不坚定。

87. 你必须心平气和的接受:一部分人先富起来,另一部人也同样都富起来,是一个理想。

88. 抗议是无法彻底压制的。否则,你可以把对方的电话号码贴在马路旁边,号码前面加上两个字:"办证"。

89. 在宪政未实现之前的国家,政界会是很残酷的。

90. 只要人类社会还有一个人被当作动物加以对待,那么,整个人类社会的所有人的人格尊严在伦理意义上其实都受到了挑战。

91. 同学们,有些机会,请你不要刻意的拒绝。

92. 人们都搞错了,以为清华是人民的清华,为此可以随便进,连五道口的出租车也开进去掉头。校园本是一个人们思考的地方，现在连教授都无法安心散步。

93. 许崇德老师很崇拜邓小平，原因是有原因的。

94. 不用多说，中国未来政治体制改革的切入点会在人大制度。

95. 时光啊，让一个长久地怀着童心的男人就这样慢慢老去，总有一天他再也无法站着给孩子们上课。

96. 孩子们，你们单凭自己这种学习热忱，就值得我认真对待！

97. 革命已经成功，同志还需努力。

98. 一百多年来，许多中国知识分子曾经在不断更迭的各种宪法文本上寄托了富国强兵的梦想，但最终都失望了。时至当今，应该当然承认：中国大陆拥有庞大的统一市场和强大的经济活力；但无论如何，我们依稀看到了中华民族走向伟大复兴的曙光，这一目标倘若实现，必将是人间的奇迹。

99. 我所理解的宪法就像两面神，即授予公共权力，又规范公共权力，以保障人的基本权利。我诚挚地期望像"雅努斯"这尊两面神那样的宪法，有一天能真正地降临到我们国家的政治生活之中，降临到每一位国人的心里。

100. 一学期的宪法学课程就要结束了，你或许没学到什么，或者学到了一些内容，但将来还可能把它全忘记了。在这里我提醒大家，你至少要记住一点：如果只把宪法的精神归结为一句话，那就是：要把人作为人来对待。